KEEP CALM AND MARRY ON
ES HOCHZEITET SEHR

ANDREA BRINGS

KEEP CALM AND MARRY ON

ES HOCHZEITET SEHR

LACH- UND SACHGESCHICHTEN FÜR DIE BRAUT

Bibliografische Information der Deutschen Nationalbibliothek:
Die Deutsche Nationalbibliothek verzeichnet diese Publikation
in der Deutschen Nationalbibliografie; detaillierte bibliografische
Daten sind im Internet über dnb.dnb.de abrufbar.

Verlag: BoD · Books on Demand GmbH,
In de Tarpen 42, 22848 Norderstedt, bod@bod.de

Druck: Libri Plureos GmbH,
Friedensallee 273, 22763 Hamburg

ISBN: 978-3-7597-3323-8

INHALT

VOR DER HOCHZEIT IST NACH DEM ANTRAG

1. VOLL VON DER PRINZENROLLE

Achtung, dieser Beitrag ist nix für schwache Nerven. Er räumt mit dem Mythos »Prinz« auf und enthält eventuell prinzenfeindliche Äußerungen. Frisch verliebte Prinzessinnen klicken bitte weiter.

Ich räume jetzt hier mal gründlich mit dem ganzen »Prinzen auf dem weißen Pferd«-Gedöns auf. Meine Lektorin hat mich gewarnt und den ersten Versuch gnadenlos in die Tonne zensiert. Klar, ich verdiene meine Brötchen unter anderem mit Brautstyling und komme eine Menge rum. Da ich immer ehrlich bin, bringt mich das öfter in Schwierigkeiten. Trotzdem oder jetzt erst recht:

Angeblich warten wir Frauen ja immer auf den Prinzen, welcher hoch zu Ross, dieses bitte in Weiß, eines schönen Tages angeprescht kommt. Angeblich! Pffft! Papperlapapp!

Das ist:

1. ein Gerücht und …

2. Kein vernünftiger Mensch schafft sich freiwillig ein weißes Pferd an. Niemals. Das passiert nur zufällig. Ich weiß, wovon ich spreche. Ich wollte auch nie ein Barbie-Pferd.

Der süße Palomino-Blondie erfreut mich jetzt schon seit neun Jahren. Und heiraten wollte ich auch nie … nächstes Jahr sind es 28 Jahre.

Sollte trotzdem ein berittener Mann mit Schwert und Krone antraben (Sankt Martin kann es nicht sein, er ist auch downgelocked), aufgepasst! Wählt nicht den Prinzen, nein, nein. Nehmt das Pferd! Unbedingt. Ausrufezeichen. Warum? Der Prinz wird euer Leben gehörig auf den Kopf stellen. Da ist frau mit dem Pferd definitiv besser bedient.

Das Pferd schenkt euch all seine Liebe und Zuneigung. Das tut der Prinz zwar auch, aaaaber:

Das Ross jammert, wenn es krank ist, nicht rum. Es fragt auch nicht ständig nach Tee und Nasenspray. Nein, ihr sitzt spät abends ganz gemütlich stundenlang in einem zugigen Stall, braucht nur auf den Tierarzt zu warten und könnt ganz nebenbei schon mal einen Termin bei der Bank vereinbaren. Ein neuer Kredit muss her. Würdet ihr zu Hause mit dem Prinzen auf der Couch rumlungern, esst ihr Chips und bekommt Pickel.

Ein Pferd versteht euch auch ohne Worte. Nie wird es fragen: »Was hast du denn jetzt schon wieder?« Keine überflüssigen Diskussionen. Es dreht sich einfach weg … oder schmeißt euch beim Ausritt in den nächsten Busch. Der Fußmarsch nach Hause sorgt für Frischluft und Bewegung. Beides tut euch gut. Der Prinz würde euch in ein schickes Restaurant locken, um euch anzuhimmeln. Vom Rumhocken und Essen werdet ihr bräsig und setzt Polster an.

Aber angehimmelt werden? Vielleicht ist das doch nicht so schlecht?? Hm. Fragezeichen.

Ich könnte hier endlos weiterschreiben, aber ich möchte jetzt dringend meinem Prinzen einen schönen Kaffee ins Home-Office bringen.

Und die Moral von der Geschicht'? Nehmt das Pferd und nicht den Wicht, weil ... Prinz reimt sich nicht.

2. DER ANTRAG

Haben wir hier auch Männer? Bitte mal die Hände hoch! Sonst vertraue ich darauf, dass die Herren, die von dieser Erkenntnis profitieren könnten, von meinen Leserinnen informiert werden.

Neulich bei der Brautprobe im Atelier vor dem Schminkspiegel.

Es stand die Frage im Raum: »**Wie war der Antrag?**«

Jetzt denkt ihr vielleicht, boah, Andrea, das fragen die Tüllberaterinnen vom Tränen-TV auch immer. Ja, schon, aber es sieht doch manchmal etwas geheuchelt aus. Die TV-Kamera liebt große Emotionen nebst feuchten Augen.

Meine liebe Bride to be hat mir flugs noch einmal vor Augen geführt, dass die Umstände des Antrags von entscheidender Bedeutung sind. Diese wichtigen Erkenntnisse möchte ich gerne mit euch teilen.

Zu alter Ritter Zeiten mussten die Herren der Schöpfung ja ständig ihr Knie vor irgendwelchen Kronenträgern beugen, sonst wurden sie eingekürzt oder durften sich trollen.

Die heutigen Ritter beugen ihr Knie nur, wirklich nur, wenn sie ihr Herz verloren haben und die Herzensdame freien möchten.

Der ganze Schnickschnack mit Lanzenkämpfen und Taschentüchern ist out und richtig tolle Lanzen sind auch sehr rar geworden. So laufen die heiratswilligen Herren zu kreativer Höchstform auf, um den Antrag der Anträge denkwürdig zu gestalten, damit das gewünschte Ergebnis trefflich erzielt werde.

Kleiner Hinweis der Redaktion: Den richtigen Ring zu wählen ist weitaus schwieriger, als einen Gegner schnöde vom Pferd zu schubsen. Dazu kommen wir später. Zurück zum Antrag.

Um sich die volle Aufmerksamkeit der Braut in spe zu sichern, ist das Umfeld von entscheidender Bedeutung. Konzertbühnen, laufende Kameras und große Menschenmengen verwirren die Braut (so viele Zeugen braucht es wirklich nicht)! Sie denkt mit großer Wahrscheinlichkeit eher daran, dass sie gerade einen Bad-Hair-Day hat und die falschen Schuhe trägt.

Also, romantisch und intim, bitte schön.

Ein magischer Ort, eine schöne Aussicht, ein tolles Essen (am besten selbstgekocht) und viele andere Dinge stellen sicher, dass die Erwählte nicht aus lauter Panik zusagt und auch wirklich erfassen konnte, was ihr Ritter gerade gefragt hat.

Ein kleiner Hinweis an die Damen: Ich hoffe, ihr habt diesen Anblick gut in dem schwarzen Fotoalbum mit dem silbernen Knopf gespeichert.

Wie gesagt, er beugt definitiv sein Knie nur einmal. Genießt es.

3. WENN ER NICHT FRAGEN WILL ...

L est ihr höchstwahrscheinlich nicht in diesem Büchlein. Oder ihr lest darin, weil ihr schon so lange gerne heiraten und eine Braut sein möchtet.

Der Mann an eurer Seite, womöglich schon seit vielen Jahren, will, kann, möchte oder hat euch einfach noch nie gefragt, ob ihr ihn heiraten möchtet. Das soll vorkommen und ist so selten nicht.

Wir Frauen gehen ja allem gerne auf den Grund und beleuchten Lebenslagen und Aspekte von allen, wirklich allen Seiten. Das lohnt sich manchmal, aber nicht immer und schlägt uns aufs Gemüt.

Männer sind da anders. Sie sind auf die wesentlichen Dinge fokussiert und sichern so das Überleben unserer Spezies. Ihr glaubt das nicht?

Blick in die Steinzeit. Frauchen dekoriert die Höhle festlich und grübelt darüber nach, welche Pilze und Beeren denn zum weihnachtlichen Amuse Gueule passen würden. Vor lauter Grübeln sieht sie weder den Säbelzahntiger, der sie gerade fressen will, noch bemerkt sie, dass zur Vorspeise auch ein Hauptgericht gehört. Hier kommen der Mann und seine Keule ins Spiel.

Hätte der Mann nicht den Tiger verhauen und das Mammut erlegt, wäre es sehr einsam unterm Tannenbaum geworden.

Männer und Frauen waren und sind immer schon ein großartiges Team, aber sie ticken komplett unterschiedlich. Es gibt unzählige Bücher darüber. Das hier war die Kurzfassung.

Für euren Traummann ist es vielleicht nicht wichtig, euch einmal in einem weißen Kleid zu sehen. Vergesst bitte nicht! Er ist klar fokussiert und sieht euch bevorzugt ganz ohne Kleid, um den Fortbestand seiner Spezies zu sichern.

Auf amtlichen und priesterlichen Segen legt er eventuell ebenfalls keinen Wert, und eine günstige Steuerklasse ist eben nicht alles. Vielleicht hat er eine Gold-Allergie und möchte keinen Ring tragen? Beschäftigt er sich vermutlich doch lieber mehr mit Dichtungs- und Simmer-Ringen?

»Hach, er ist so träge und so wortkarg!« Ja, Leute, wer ständig quatscht, vertreibt das Mammut, und die Jagd auf das selbige ist ermüdend. Mann kann auch prima ohne gültigen Ehe-Schein ins Feuer starren.

Was ich damit sagen will: Nur weil es für ihn nicht so wichtig ist, darf es für euch zwar wichtig sein, aber dezent vor der Höhle zu sitzen, am Fell-Saum zu spielen und zu warten, wird euch nicht weiterbringen.

Gestern haben wir genau dieses Problem ausgiebig in einer Frauenrunde, sprich Make-up-Workshop, diskutiert. Dann haben wir kurzentschlossen die heiratssehnsüchtige Dame in ein Brautkleid nebst Schleier und Blumenstrauß gesteckt und vor den Atelier-Spiegel geschoben. Die entsprechende Frage – schwups – mit Lippenstift auf den selbigen geschrieben, Foto gemacht. Fertig.

Manchmal sagt ein Bild mehr als tausend Worte. Vielleicht fasst sie sich ein Herz und schickt ihm das Bild unterm Tannenbaum???? Bei Mammut-Braten und Pilz-Ragout. Vielleicht auch nicht???

Spätestens, wenn sie wieder im Atelier aufschlägt, um das Kleid noch mal zu probieren, werden wir es wissen.

4. DIE HOCHZEITS-KOSTEN SENKEN, ABER WIE?

D as Problem mit den Kosten ist uns ja bekannt. Alle Brautpaare, die Ja sagen möchten, aufgepasst!

Sicherheitshinweis: Die Autorin hat völlig übertrieben ... wie immer mit des Pudels Kern.

Ihr seid nun auch auf der Pirsch nach den passenden Zutaten für euer Hochzeitsfest? Alles richtig teuer?? Aua! Gastronomie, Brautkleid, Büfett, Zauberkünstler und Feuerwerk? Da muss es doch eine Möglichkeit zum Sparen geben? Es kam mir zu Ohren, dass einige Ausgefuchste auf die Suche nach den Profis gehen, die ultracoole Leistungen zum gefühlten Nulltarif erbringen. DER Geheimtipp, DER absolute Schnapper, ein Ringeldinosaurier oder eine Unmöglichkeit?! Nichts ist unmöglich! Oder doch?

O-Ton aus dem prallen Leben: »Meine Freundin hatte auf ihrer Hochzeit einen Fotografen, der hat DIE Hammerbilder gemacht. Für ein Taschengeld und, na ja, und für die Vorspeise (für mehr hatte er leider keine Zeit)!!« Was soll frau da sagen? »Herzlichen Glückwunsch«, »Herzlich Beileid« oder »Den will ich auch«? Solche und ähnliche

Statements spuken aber in vielen Köpfchen rum und sind der Anlass für eine Menge Frust. Versuch macht klug?

Die Jagd nach den fast ausgestorbenen Ringeldinosauriern kann sehr ernüchternd sein. Na gut, dann eben nicht. Weiter geht's. Eventuell bestände aber die Möglichkeit, im Bekanntenkreis mal zu horchen, wer aus purer Nächstenliebe an den Start geht. Freund Detlev macht den DJ, Yogafreundin Yvette an die Suppe, und Kegelschwester Klaudia, mit K, kann es so gut mit Blumen. Fehlt noch was? Ja, die Braut muss doch toll aussehen. Wenn es um die bräutliche Frisur und das Make-up geht? Das macht bestimmt die Susi, sie hat einen ganzen Schrank voll Schminke.

Die Freundesliste ist zwar nach (oder schon vor) der Hochzeit wahrscheinlich erheblich geschrumpft, aber ein bisschen Schwund ist immer.

Leider, leider sind diese Überlegungen also nur eine bedingt preisgünstige Alternative für das Brautpaar in spe. Gute Freunde sind unbezahlbar, so viel wissen wir. Ausrufezeichen. Schließlich möchte mann/frau ja nach den Flitterwochen nicht alleine in den Sonnenuntergang reiten. Jetzt wissen wir, wie es besser nicht geht.

Die Lösung kommt, wie fast immer, direkt aus dem prallen Leben.

Letzte Woche sagte eine Bride to be zu mir wortwörtlich: »Andrea, wir haben jetzt so viele Hochzeiten angesehen und erlebt. Jetzt wissen wir, worauf wir achten müssen, wen wir buchen können, und trauen uns auch.« So simpel ist das. Verschiebt eure Hochzeit doch einfach. Nur so lange, bis ihr genug Eindrücke, Locations und Dienstleister live erlebt habt, um eine Entscheidung zu fällen. Da kommt es auf ein Jahr doch wirklich nicht an. Schließlich soll der Bund fürs Leben geschlossen werden, und das wird, statistisch gesehen, lang. Es spart Zeit, Nerven und Geld.

Aber der talentierte Fotograf, der mit den Hammerbildern, steht leider nicht mehr zur Verfügung. Ihm ist die Vorspeise nicht gut bekommen. Sie ist ihm auf den Magen geschlagen. Wie immer habe ich dramatisch übertrieben, und Ähnlichkeiten mit Personen des realen Lebens sind wirklich rein zufällig.

Äh, ährlich!

5. EINLADUNGEN

Ihr plant eure Gästeliste? Bravo. Damit könnt ihr nicht früh genug beginnen. Bitte vergesst nicht, die Unbekannte "XY" in die Gleichung aufzunehmen. Mit fünf bis zehn Prozent Ausfall müsst ihr rechnen. Aber jetzt kommt´s. Verlassen könnt ihr euch nicht darauf.

Ich kenne das (leider) nur zu gut. Am Morgen der Hochzeit, beim sogenannten „Getting- Ready" pingt das Smart-Phone der Braut im Dauerfeuer. Nicht nur weil der Liebste seinen Gürtel samt Schuhen sucht. Nein, die Absagen trudeln ein.

Für mich als Braut-Stylistin ist das nicht so schön. Die Haare der Braut stehen plötzlich zu Berge und oft gibt es hektische Flecken.

Klar, viele Krankheiten oder Befindlichkeits-Störungen ploppen über Nacht auf. Der Flug wurde gecancelt oder der Baby/Hundesitter hat abgesagt. Der Pflege-Dienst streikt und die Bahn auch.

Die Gründe sind vielfältig und leider oft nicht erfreulich. Wenig erfreulich ist auch, dass ihr jetzt ans rotieren kommt. Die Tisch-Ordnung muss umgestellt werden und wenn alles wieder schick ist, sagt der/die Nächste ab.

Vorteilhaft ist die Tatsache, dass es mit an Sicherheit grenzender Wahrscheinlichkeit weniger als mehr Gäste werden.

Sicherheitshinweis: Mit Ausfällen müsst, dürft ihr aber nicht rechnen.

Das gilt auch für die Schlauen. Die kalkulieren die Ausfälle bewusst nämlich ein. Die Lokation hat nur 120 Plätze zu vergeben und 135 Gäste sind geladen. Obacht. Automatisch greift Murphy`s Law. Nein, dies ist keine Crime-Story, sondern eine Regelmäßigkeit aus dem prallen Leben. Ein Beispiel: Wir sind schon zu spät dran und dann geht die Schranke am Bahnübergang runter oder ein Traktor mit zwei riesigen Anhängern zuckelt mit 30 Kmh vor euch her. Weil es so ist und immerfort so sein wird. Habt ihr genug Zeit, sind die Straßen frei und die Schranken oben. Kommt euch das bekannt vor?

Was ihr tun könnt? Rechnet damit!

Erstes Gebot: Nicht aufregen. Keep calm and marry on.

Zweites Gebot: On Lokation ist im besten Fall Jemand vor Ort, der die Tisch-und Platzkarten neu arrangiert.

Das Leben ist eben nicht berechenbar. reitet die Welle und macht das Beste draus.

6. NUR WIR ZWEI MIT CURRY-WURST UND POMMES ...

Ganz allein ... möchten viele Paare irgendwann doch den Bund fürs Leben schließen. Mal eben so, bitte nur im Standesamt. Ohne Tamtam, Schnickschnack und Getöse. Also nix mit Märchenhochzeit, Schloss und Vox beim Tüllkleid-Kauf. Kleiner schwarzer Jogginganzug, anschließend Curry-Wurst/Pommes ... und gut ist.

Nüchtern betrachtet, ist es eine Vernunftentscheidung, weil unverheiratete Lebensgemeinschaften nicht unerheblichen Nachteilen ausgesetzt sind. Ausrufezeichen. Ihr möchtet das ändern? Ja, am liebsten ganz spontan.

Dokumente und Formulare eingereicht, Unterschrift, fertig! Termin steht. Wir machen das in der Mittagspause. Oder? War da noch was?

Theoretisch machbar ... wenn es den Glücklichen gelingt, sich bis zur Tat ins Exil zu begeben. Tun sie das nicht ... ist die Curry-Wurst schon sehr bald Geschichte.

Woher ich das weiß? Ich sitze an der Quelle, also im Braut-Styling-Studio. Dass die Braut to be dann doch schön aussehen möchte, ist erst der Anfang. Da sitzt sie nun im Schminkstuhl. Für ein bisschen Make-up. Der anschließende Blick in den Spiegel zeigt funkelnde Augen und einen lächelnden Mund. Schwups! Infiziert! Diagnose:

Hochzeitsfieber!

Hochzeitsfieber ist ansteckend. Im positiven Sinn. Sind wir infiziert, gibt es kaum ein »Zurück«.

Zurück zur geplanten »Nur wir 2«-Hochzeit. Die zukünftige Braut sieht sich im Studio vorteilhaft verändert ... hey, das bin ja ich ... oh, hm, vielleicht doch ein schönes Kleid??? Ein klitzekleines???

Der Bräutigam braucht jetzt aber auch ein angemessenes Outfit. So ein ganz klitzekleines. Es soll ja optisch zur zukünftigen Braut in dem ebenfalls klitzekleinen Kleid mit nur ein bisschen Glitzi und Funkel passen.

Blumen? Die hätten wir fast vergessen. Ein kleiner Brautstrauß darf es schon sein. Schließlich werden noch ganz schnell zu den schönen, neuen Hochzeitsschuhen die Blumen passend ausgesucht.

Tja, was soll ich euch erzählen? Nach dem Brautprobe-Termin beim Profi folgen nicht so selten offensichtlich hektische Aktivitäten (kurzfristig ist es ja schon) und, zack, am großen Tag haben Ausstattung und Rahmen der geplanten Aktion deutlich zugelegt. Hoppla.

Ob es daran liegt, dass der Gang zum Standesamt eben doch keine alltägliche Handlung ist?

Die Moral von der Geschicht'? Weiß ich nicht. Wirklich nicht.

Ha, es reimt sich.

7. WÄRE ES NUR SCHON VORBEI!

Ja, ihr habt richtig gelesen. Diesen Satz höre ich öfter. Wer hätte das gedacht?

Es ist tatsächlich im prallen Leben nicht immer wie im Tüll-und-Tränen-TV! Tiefe Seufzer der zukünftigen Bräute. »Ich wünschte, ich hätte alles hinter mir!« Wie bitte? Warum?

»Ich hasse es, im Mittelpunkt zu stehen.« O-Ton der Braut.

So, ihr Lieben. Ihr müsst jetzt ganz stark sein!

Die Wahrheit ist: Ihr werdet im Mittelpunkt stehen … und zwar sowas von.

Aller Augen werden auf euch gerichtet sein. Das war schon immer so und wird sich auch nicht ändern. Wie sieht die Braut aus? Wie entsteigt sie dem bräutlichen Gefährt? Wie strahlt die Braut? Alles, ja wirklich alles, was die Braut macht, sagt oder tanzt, steht an diesem Tag im absoluten Fokus. Punkt! Der Bräutigam muss bitte auch stark sein … nein, nein. Er ist nicht nur der Statist, obwohl es vielleicht so scheint. Schwör und wieder schwör.

Sicherheitshinweis: Die Hauptrolle spielt die Braut.

Mein kreativer Vorschlag, um die Aufmerksamkeit von euch wegzulenken:

Engagiert einen T-Rex oder lasst ein Zombie-Ballett tanzen. Niemand wird euch beachten. Garantiert. Zu eurem Troste sei gesagt, ihr seid nicht allein. Ihr seid auch nicht komisch. Nicht alle Bräute genießen es, im Mittelpunkt zu stehen.

Was kann frau tun? Einiges, würde ich sagen. Zum Beispiel, die Wohlfühl-Faktoren genau unter die Lupe zu nehmen. Mehr Wohlgefühl bedeutet weniger Stress und Druck. Das ist die Devise! Ausrufezeichen!

Für euch habe ich ein paar Aspekte zusammengefasst. Es lohnt sich, hier einmal genau hinzuschauen.

- Sucht euch die richtige Location aus. Das Ambiente sollte in erster Linie zu euch, erst in zweiter Linie zu euren Gästen und vor allem zu eurem Portemonnaie passen.

Mein Tipp: Seid ehrlich zu euch selbst. Braucht ihr das Schloss oder die In-Location wirklich?? Würdet ihr vielleicht viel lieber rustikal auf einem Landgut nebst Strohballen heiraten?? Es ist eure Feier! Wenn ihr das Gefühl habt, bestimmte Gäste könnten sich nicht wohlfühlen, weil das Ambiente unter ihrem Niveau liegt, heikel! Deshalb überlegt euch gut, wen ihr zum Fest bittet. Lieber kleiner, im Kreise von echten Freunden, als mit Riesen-Tamtam und Bauchweh.

- Lasst euch beim Traumkleid-Kauf nicht auf Abenteuer ein. Es gibt wirklich für jede Braut das passende Kleid. Wenn ihr nur den geringsten Zweifel in der Magengrube verspürt, lasst es hängen.

- Make-up und Haar-Styling sollten die beste Version von euch zeigen und keine fremde Person. Seid ehrlich zum Styling-Profi (ich weiß, wie schwer es ist, Nein zu sagen).

- Wählt für eure wichtigsten Entscheidungen eine vertraute, erfahrene und selbstbewusste Person aus. Am besten jemanden, der schon geheiratet hat und weiß, was kommt ... oder nicht!

8. SOMMER- ODER WINTERHOCHZEIT?

Diese Frage stellt sich nicht. Fragen wir doch lieber: Gegrillt, ertränkt oder vom Winde verweht?

Ihr habt Ja (zum Antrag) gesagt! Die Planung beginnt, und wenn ihr auf eine bestimmte Location scharf seid, nimmt euch diese gerne die Entscheidung über den Termin ab. Wahrscheinlich gibt es nur noch einen freien Termin, der aber eigentlich fast reserviert ist.

Statistisch belegt, schließen die meisten Paare im Dezember den Bund fürs Leben. Aus dem prallen Leben berichtet, ist der September der beliebteste Monat. Er hat den Wonnemonat Mai schon vor Jahren abgelöst.

Klar, Wetter ist nicht planbar, weder auf Malle noch in Mönchengladbach. In Vegas schon eher.

Eine Sommerhochzeit in deutschen Landen bietet mittlerweile die Option auf 39 Grad im Schatten. Das macht keinen Spaß! Eine Winterhochzeit bietet die Option auf 23 Grad bei gemäßigter Brise aus Nordost. Schnee wird im Westen eher nicht fallen. Wenn, dann im April oder Mai.

Ah, es soll eine Motto-Hochzeit sein? Eine Strandhochzeit vielleicht? Das ist problemlos machbar! Ab in den Flieger! Oder? Ibiza-Style nebst Strand-Feeling wird auch in vielen Gastro-Betrieben innerhalb Deutschlands angeboten. Der Vorteil: Sollte es schütten, gibt es einen Indoor-Bereich. Bei 40 Grad kühlt euch die Klimaanlage wieder runter.

Wenn ihr euch Schnee wünscht, habt ihr ein größeres Problem. Es sei denn, ihr lebt tief im Süden der Republik, nahe den Alpen. Oder ihr verlegt eure Hochzeit samt Gesellschaft in die Berge. Geht alles, kostet nur.

Ihr müsst einfach zur richtigen Zeit am richtigen Ort sein. Das ist die universell gültige Zauberformel.

Generell ist zu sagen, die Hochzeitssaison dauert vom 1. Januar bis zum 31. Dezember.

Der Schwerpunkt liegt in den Monaten April bis Oktober, da ist Hauptsaison. Natürlich ist es in dieser Saison schwieriger, viel schwieriger, die gewünschten Dienstleister und Profis zu buchen. Geheiratet und fett gefeiert wird in der Republik hauptsächlich samstags. Das kostet, weil die Profis nur ein bis drei Termine vergeben können. Wir können nicht im Voraus arbeiten oder einfach Nachtschichten einlegen.

Mein Tipp: Wenn ihr vorhabt, im kleinen Kreis zu heiraten, wählt einen Wochentag in der Nebensaison. Wer von euren Gästen to be euch lieb hat, baut Überstunden ab, nimmt Urlaub oder macht bl... Es wird deutlich einfacher und günstiger sein. Manche Profis bieten einen Extra-Tarif für Wochentage an, weil gewöhnlich eh tote Hose ist. Ausnahmen bestätigen die Regel.

Ihr könnt euch immer noch nicht entscheiden?

Dann werft mit verbundenen Augen einen Pfeil auf eine Darts-Scheibe.

So lasst ihr das Schicksal entscheiden. Guter Plan? Nicht wahr?

9. MOTT...ANTEN

Ein Motto muss her ... oder auch nicht.

Unlängst überreichte mir eine zukünftige Braut bei der Styling-Probe einen handgefertigten Haarkranz aus Muscheln. Dieser möge bitte in die Frisur eingearbeitet werden. Die anstehende Hochzeit findet unter dem Motto »Strand, Sonne, Sand und Meer« statt. Oh, das klingt wunderbar.

Die Jahreszeit und Location waren passend gewählt worden, jetzt bitte noch der Muschelschmuck. Gesagt! Getan!

Motto-Hochzeiten sind immer, oder meistens, toll! Dekoration, Musik, Gäste und Location passend unter einer Flagge. Fabelhaft. Ob ihr ein Motto erfolgreich etablieren könnt, hängt im Wesentlichen von euren Gästen ab.

Fangen wir mit der einfachen Disziplin an und ihr wünscht euch eine einheitliche Farbe der Kleidung. Es ist noch relativ easy, auf der Einladung zu vermerken: »Alle bitte in Weiß und ein Kokosflocken- Pralinee auf dem Kopf!«

Oder vielleicht Gothic! Jetzt bitte alle in Schwarz mit reichlich Kajal. Ob Oma Else da noch beschwingt mitfeiert? Genau da liegt das Problem. Nein, nicht bei Oma Else, sondern schlicht an der Tatsache, dass eine Hochzeit in seiner Basis eine Familienfeier ist. Mehr oder weniger erweitert um den Freundeskreis/Schützenverein/Dackelclub/ freiwillige Feuerwehr/Reitercorps/Turn- und Yoga-Club/ Selbsthilfegruppe etc. pp. und deshalb die reiferen Semester nicht fehlen dürfen. Egal, die sind raus! Die müssen nicht mitmachen und bekommen einen Extra-Tisch. Aber der Rest?

Ihr kennt euren Freundeskreis am besten, und ein optisches Feuerwerk wird euch überraschen, wenn es hier ein paar Engagierte gibt. Anmerkung der Autorin: Es gibt immer ein paar Engagierte, die den Rest dann mitreißen. Daumen drück!

Der/die Pausen-Clown*in, Bauch-Redner*in oder Alleinunterhalter*in werden automatisch überflüssig. Liefern die Verkleidungen und Kostüme doch reichlich Gesprächsstoff nebst Verknüpfungs- und Verstrickungs-Möglichkeiten. Das wirkt der Grüppchen- und Club-Bildung entgegen und kann, unterstützt von der Bar-Crew, ein Party-Garant werden. Denn es gibt nichts, wirklich überhaupt nichts Schlimmeres als eine Feier mit müder Hose. By the way, lasst sie, die Müden Hosen, ein oder drei Gigs spielen. Dann geht die Post ab und die Polizei ist auch dabei. Als gebürtige Düsseldörflerin durfte ich das jetzt mal sagen. Schließlich bin ich mit Campino und Co. aufgewachsen.

Apropos Alleinunterhalter: Es gibt so viele neue Bräuche und Gewerke der Kategorie Heiraten und Co., der klassische Alleinunterhalter aber ist ausgestorben. Spielte er doch mit seiner Hammond-Orgel (Keyboards kamen später) zum

Tanz auf und hat mit mehr oder weniger lustigen Späßen die Gesellschaft trefflich unterhalten. Heute heißen sie Hochzeitsbutler und sind ebenfalls richtig klasse.

Zurück zur Motto-Hochzeit. Vielleicht ist ein Kompromiss die Lösung? Die Location, Deko, Musik und das Büfett sind auf euer Thema abgestimmt. Die Gäste dürfen kommen, wie sie möchten, nur eben in mehr oder weniger festlicher Kleidung.

Darüber sprechen wir später. Versprochen.

10. DER PERFEKTE TAG, BALD IST ER DA

Ist er ein Traum? Eine Wahnvorstellung, Illusion oder Ansichtssache?

»Es muss alles perfekt sein« ist die Vorstellung so mancher, vieler, einiger oder weniger Brautpaare.

Was alles schiefgehen kann? Ich beschränke mich jetzt mal auf mein Fachgebiet und fange mit der Braut an.

Beim Probetermin hat alles bestens geklappt!! Dann kommen sie, die berühmten Panik-Pickel! Exakt zwölf Stunden vor dem großen Tag sprießen sie wie Pilze im Herbst nach dem Regen. Pusteln und Pickel, die ultimativen Kreisch-Faktoren mit hundert Punkten auf der Richterskala. Machen sie jetzt den Traum vom perfekten Teint zunichte? Eventuell, denn auch Camouflage kommt irgendwann an ihre Grenzen. Aber es gibt noch Fotto-Flopp, das Programm zum Schlanker-, Perfekter-Werden und um überhaupt fast alles zu retouchieren.

Ich wollte hier zwar nicht über Pickel und Pusteln schreiben, aber genau diese können uns das Leben gehörig vermiesen. Kleiner Trost: Ihr seid nicht allein. Ich kann mich an keinen wirklich wichtigen Anlass in meinem Leben erinnern ohne den berüchtigten Monsterpickel mittig im Antlitz. Sei es auf der Fahrt zum Tanzschulball oder auf dem Flug zum Jahresmeeting. Ich bin stets pickelfrei in den Flieger oder Zug gestiegen, um deformiert und verpickelt wieder zu entsteigen.

Die meisten Brautpaare planen ihre Hochzeit seeehr sorgfältig. Nichts, null, nada, niente wird dem Zufall überlassen werden. Ist eine minutiös durchgeplante Agenda der Garant für den perfekten Tag? Wo bleibt der Slot für das pralle Leben? Sollte es nicht lieber heißen: »Überrasch mich!!« Einiges können wir nicht beeinflussen, wie zum Beispiel das Wetter (nächstes Kapitel), aber wir sind nicht völlig hilflos.

Hier ist die kluge Auswahl der Experten für den großen Tag von entscheidender Bedeutung.

Viele Hochzeitsexperten laufen nämlich zur Höchstform auf, wenn sie die magischen Worte »Überrasch mich!!« vernehmen. Weil es übersetzt heißt: »Ich vertraue dir! Ich weiß, dass du dich selber toppen kannst, gib alles!!« Für einen Vollblutdienstleister ist dieser Satz das »Go« für eine Glanzleistung to be. Ein kreativer Fotograf, Florist, Koch, Wedding-Planer, Musiker oder Brautstylist (alle noch mal mit *in dran) wird ungeahnte Überraschungen präsentieren. Wenn ihr euch darauf einlassen könnt. Es gilt aber, im Vorfeld die Vollblüter von den Kaltblütern zu unterscheiden. Beide machen einen hervorragenden Job. Wer mal einen Kaltblüter bei der Arbeit gesehen hat, weiß, wozu sie fähig sind. Sie können sprichwörtlich Berge versetzen. Aber dem Feld zehn Pferdelängen kurz vor der Zielgeraden einfach davonzufliegen, schafft nur ein Vollblut.

Kann ich das so stehen lassen? Grübel?? Jawohl! Nehmen wir den/die Vollblut-Floristen/-Floristin. Selbst wenn alle bestellten und geplanten Blumen abgeschlossene Vergangenheit sind, wird der perfekte Brautstrauß gezaubert. Notfalls aus Disteln und Gänseblümchen. Selbst wenn es Hunde und Katzen regnet, wird das Vollblut-Kamerateam diese einfach verwenden, um nie da gewesene Bilder zu schießen. Und der/die Vollblut-Koch/-Köchin? Die Küche ist abgefackelt?? Er/sie bastelt aus einer Packung Miraculix ein Sechs-Gänge-Menü. Natürlich übertreibe ich hier wieder gewaltig und, by the way, Kaltblüter bleiben auch standhaft, wenn das Vollblut einen Nervenzusammenbruch bekommen hat. Also trefft eure Wahl klug! Dann wird der perfekte Tag vielleicht nicht laufen, wie er geplant war ... **sondern eine tolle Überraschung.**

11. WIRD WETTER ÜBERBEWERTET?

Die **Hochzeitssaison** rollt an … und damit der bängliche Blick auf die **Wetter-App.**

Denn **Himmelsblau** und **Feuchtigkeitsgrad** sind DER **Wackelkandidat** beim Hochzeiten. Wenn ich an einem wirklich **grauen** und **verregneten** Tag zu einer **Braut** aufbreche, überlege ich meistens schon beim Kaffee, wie ich die Braut trösten könnte. Angesichts der Tatsache, dass draußen die **Welt** untergeht, kein leichtes Unterfangen. Vielleicht mit einem italienischen Sprichwort, welches besagt, dass nur eine »gebadete Braut« eine glückliche Braut ist? Oder: »Hey, das Make-up ist **wasserfest** und mein Haarspray erst? Wie Beton.«

Regen bringt Segen, das wusste Omi schon.

Regen ist wirklich wichtig, und die nächste **Hitzewelle** steht schon vor der Tür. Ja!! Seid also froh, wenn es bei eurer Hochzeit regnet und der Himmel grau ist, weil:

• **Grau** ist eine tolle Farbe, nicht nur als Teppichboden. Grau ist vielseitig kombinierbar und sehr neutral. Es lässt sich hervorragend mit allen Farben mixen und stiehlt euch niemals die **Show.**

- Euer Fotograf wird begeistert sein, bei bedecktem Himmel ist die Suche nach Licht und Schatten überflüssig. Den Rest, wie zum Beispiel einen schönen Sonnenuntergang, zaubert er mit links nachträglich mittels Foto-Flopp aufs Bild.

- Auf Weichzeichner und Filter könnt ihr bei den Selfies getrost verzichten, leicht verschwommen tut definitiv etwas für euch.

- Ihr habt auf allen Fotos schöne, große Augen, weil ihr nicht in die Sonne blinzeln müsst.

- Die hohe Luftfeuchtigkeit ist gut für eure Haut. Auch die älteren Semester, wie Oma und Opa, werden beneidenswert frisch aussehen. Euer Hautalterungsprozess wird für einen Tag deutlich gestoppt. Aufgeweichte Haut sieht gleich glatter aus.

- Naturwellen und Locken ringeln sich in feuchtem Ambiente besonders schön. Die Stylistin hat diesen Effekt bestimmt bei eurem Styling berücksichtigt. Glätteisen sind überflüssig. Es lebe der Boho-Style.

- Apropos Boho-Style: Eure Blumen im Haar bleiben länger frisch und verwelken deutlich langsamer.

- Viel Feuchtigkeit von außen heißt automatisch: Die Getränkerechnung wird euren Geldbeutel nicht so würgen wie ein **heißer Sommertag**. Ihr könnt Hochprozentiges verabreichen, es dreht sich schneller, die Quote der

Tänzer und Sänger wird sich rasant erhöhen. Ihr kommt nicht zu spät ins Bett, weil die Party somit zeitig zu Ende geht.

- Bei **Regen, Blitz** und **Donner** werden sich sicher keine Splittergruppen, wie Raucher, Frischluftfanatiker oder Draußen-Rumlungerer, bilden, die ihr ständig zusammentrommeln müsst.

So, und wie immer kommt das Beste zum Schluss: Erfahrungsgemäß legen sich **Sturm** und **Regen** gegen Abend, und wenn sich dann die **Sonne** hervorwagt, habt ihr das schlechte Wetter vergessen oder genießt einen wunderschönen Regenbogen.

12. DRESSCODE! DOCH, JA ODER VIELLEICHT (NICHT)?

Der Dresscode gibt auf einer Feier oder Veranstaltung an, in welchem Gewand sich die Gäste präsentieren sollen, dürfen, können, möchten oder müssen. Das hört sich zugegeben dogmatisch an. Ist es aber nicht.

Mann/frau kann einen Dresscode als Vorschrift oder auch als Sicherheitshinweis interpretieren.

»Wir möchten, dass sich unsere Gäste wohlfühlen«, ist eine Aussage, die oft mit »Komme bitte, wie du dich wohlfühlst« einhergeht. Ihr müsst in diesem Fall damit rechnen, dass es Gäste gibt, die das wörtlich nehmen und in Schlabber-Couch-Dress erscheinen.

Wollt ihr das? Dann bitte, aber heult nicht rum, wenn sie es auch tun. Ihr steckt viel Arbeit in die Planung eures Hochzeitsfestes, um einen festlichen oder besonderen Rahmen zu stecken, und die Gäste fallen so richtig schön aus dem sprichwörtlichen Rahmen? Selbst schuld.

Ohne Dresscode wird sich eine textile Vielfalt in ungeahnter Breite präsentieren ... wenn ihr Glück habt. Oder es wird das Standard-Outfit für alle Fälle aus dem Schrank gezerrt. Schwarze Hose oder Rock mit heller Bluse oder Hemd. Langweilig. Gähn!

Vor Jahren bin ich mit einem Kleidchen in meiner Lieblingsfarbe Türkis auf einer Hochzeit einmal sehr aus der Rolle gefallen. Einzig die Braut-Mutter trug Rosa, und der Fotograf raufte sich die Haare, wähnte er sich doch auf einer Beerdigung.

Es hat sich noch nicht überall herumgesprochen, dass die Farben Schwarz und Weiß auf einer Hochzeitsfeier nicht angebracht sind. Zumindest, was die obere Körper-Hälfte betrifft.

Auch die Aussage »Ich wähle extra kein tolles Outfit, ich möchte der Braut nicht die Show stehlen« ist nur bedingt akzeptabel. Vermutlich würdet ihr das sowieso nicht schaffen. Wenn ja ... Schwamm drüber! Seufz!

Es muss ja nicht »White Tie und Tiara« auf der Einladung stehen. »Um festliche Kleidung wird gebeten«, reicht völlig aus, um euren Gästen die Sicherheit zu geben, dass sie nicht alleine und einsam im Sonntagsstaat erscheinen. Sie wird trotzdem kommen, die Gummistiefel- und Schlabberhosen-Fraktion. Die Message, die von einem solchen Outfit ausgeht, ist klar und deutlich:

»Ich komme gerade aus meinem Gestüt. Meine wertvolle Vollblutstute hat die ganze Nacht in den Wehen gelegen!«

oder »Meine preisgekrönten Hunde mussten noch ihre Pokale einheimsen« oder »In meinem Park ist bei der Ausschachtung für mein neues Schwimmbad eine römische Festung entdeckt worden!«.

Dafür haben wir natürlich Verständnis.

Anmerkung der Autorin: Eine Hochzeit fällt hierzulande immer noch in die Kategorie »Festlicher Anlass!« und ist das höchste gesellschaftliche Ereignis bei Normalos. Es gibt zahlreiche Veranstaltungen für Nicht-Normalos, da geht es richtig irrwitzig zu. Hm! Vielleicht eine neue Story?

Fazit!

Say yes to the Dress!Code.

13. WAS ICH NICHT WEISS, MACHT MICH NICHT HEISS

Absichtlich habe ich diesen Beitrag an den Schluss gesetzt. Meine Geschichten aus dem prallen Leben möchten euch ja bei der Hochzeitsplanung behilflich sein und euch so gut wie möglich vorbereiten.

Mit der gebotenen Sorgfalt, inspiriert von vielen Gesprächen mit meinen Kundinnen, habe ich mögliche Hindernisse beleuchtet, damit ihr nicht im Dunkeln tappt.

Wenn ihr diese Geschichte lest … ist dies vielleicht alles überflüssig?

Was geschah: Ein sehr sympathisches und frisch getrautes Paar sitzt auf meinem roten Sofa im Tüll-Palästchen und genießt Kaffee. Die Dame bringt mir ihr Brautkleid, auf dass es eine neue Besitzerin finde. Ihr erinnert euch? Ich bin auch auf Zweite-Liebe-Brautkleider spezialisiert.

Mit leuchtenden Augen berichtet der frischgebackene Ehemann von der wundervollen Hochzeit, welche sie sehr spontan vier Wochen zuvor gefeiert haben.

Schmunzelnd und etwas nachdenklich fügt er hinzu: »Ganz ehrlich!? Wir wussten gar nicht, dass es üblich ist, erst das Lokal und dann das Standesamt zu buchen.«

Anmerkung der Autorin: Das Paar ist im besten Alter.

Sie fügt lächelnd hinzu: »Ich wusste auch nicht, dass ein Brautkleid 6–10 Monate Lieferfrist hat!

Ich bin einfach in ein Geschäft gegangen, habe mein Brautkleid ausgesucht. Fertig.«

Es stellt sich im weiteren Verlauf heraus, sie wussten ganz viel nicht. War dies vielleicht der Grund, warum alles innerhalb von vier Wochen stand und bestens geklappt hat? Gut, wenn ich es recht bedenke, Mitte Oktober ist schon fast Nebensaison. Aber nur fast.

War es purer Zufall? Ein Geschenk des Himmels? Eine glückliche Fügung? Schwein gehabt? Das Glück der Unbedarften? Karma?

Tatsächlich möchte ich momentan davon absehen, explizit auszumalen, was alles schiefgehen kann/könnte. Meine Geschichten dienen primär eurer Unterhaltung und sind erst sekundär präventiv zu verstehen.

Bleibt die Frage zu klären, ob Unwissenheit wirklich vor Verdruss schützt.

Da ich ganz fest an alles Mögliche glaube, kann und möchte ich hierzu keine Stellung beziehen. Aber es ist und bleibt eine interessante Frage. Widmen wir uns nun einem neuen Kapitel.

Mein Nachwort: Nichts wird so heiß gegessen, wie es gekocht wurde.

DIE BRAUT UND DAS KLEID DER KLEIDER

14. DAS IST NICHT MEIN STIL ...

Sprach die Bride to be im Tüll-Palast angesichts eines Traumkleides in Tüll mit Spitzen, soweit das Auge blickt. O-Ton: »Außerdem erinnert es mich an Omas Gardinen.«

Oha! Schmunzel. Den Spruch von der Gardine habe ich tatsächlich schon mal gehört. Da eine gewisse Ähnlichkeit nicht zu leugnen ist, steht es hier nicht zur Diskussion. Gibt es doch genug Brautkleider ohne Spitze und Gardinen-Ambiente. Äpfel und Amen.

Die Frage des Stils bliebe noch zu klären und ist höchst spannend.

Sprechen wir hier vom Alltags-Look oder Business-Style? Oder von einem eigenen Hochzeitsstil? Lässt sich ein Jeans-und-T-Shirt-Look in bräutliche Währung umrechnen, um dem Stil treu zu bleiben? Ja, nein, jein, vielleicht ... mal sehen?? So viele Fragen!

Das Thema Jeans macht es leicht. Jeans-Jacken in allen Formen und Farben, mit und ohne Applikationen, stehen aktuell hoch im Kurs. Sie gehören auch zu meinen Lieblingen. Ich verwandele sie selber per Hand in bräutliche

Accessoires und es sind Kunstwerke. Aber Achtung ...
mann/frau liebt ... oder hasst sie. »Jo« oder »ganz nett«
werden wir in diesem Zusammenhang niemals hören.

Fakt ist, das bräutliche Gewand ist gemeinsam mit dem
Anlass (so ist der Plan) eine einmalige Angelegenheit. Ich
kenne keine einzige Frau, die einem eigenen Hochzeitsstil
über Jahre treu geblieben ist. Auch wenn sie zum 4. Mal Ja
sagt. Im Gegenteil, hat das Gewand nur im Entferntesten
Ähnlichkeit mit seinem Vorgänger, ist es raus. Aus die
Maus.

**Sicherheitshinweis: Ladys, ihr dürft euch als Braut gaaanz
neu erfinden. Ihr dürft sein, was ihr euch wünscht oder
wovon ihr schon immer geträumt habt.**

Inspiriert von »Drei Nüsse für Aschenbrödel«, von »Herr
der Ringe«, »Star Wars« oder Braut-Hochglanz-Magazinen.
Ihr seid frei, in euren Vorstellungen und vom Alltag.

Eure Hochzeit ist ein »Once in a Lifetime«-Event. Die
toughe Business-Frau kann als Prinzessin samt Diadem Ja
sagen, und die lässige Sportskanone darf sich in eine ele-
gante Mermaid verwandeln, wenn sie es sich wünscht.

Jahreszeit, Location, Motto und Portemonnaie spielen
bestimmt eine Rolle, aber nicht der im Alltag getragene
Kleiderstil. Okay! Man kennt euch nur im Arztkittel oder
mit Schluppen-Bluse? Überraschung, es geht auch anders.
Hoffentlich!

Brautkleider sind magisch, weil sie verwandeln. Wenn frau es sich wünscht!!

Wenn frau sich nicht verwandeln möchte …?

Ich sammle noch ein paar Fakten und lasse es euch wissen.

15. DIE QUAL DER WAHL ... WER BEGLEITET MICH?

Es ist so weit. Das Kleid der Kleider möchte gefunden und erwählt werden.

Wer soll, muss, möchte und darf die Braut in spe begleiten? Klar ist, alle möchten mit. Der Tüll-Palast hat eine phänomenale Anziehungskraft auf uns Frauen. Da sind wir uns einig! Bitte vereinbart unbedingt einen Termin, ohne Termin geht nix im Brautmoden-Geschäft.

Wie sieht es aus mit den Herren?

Selbst eine Whisky-Bar mit integriertem Barber-Shop, in dem man auf Motorrädern sitzt, wird einen **Mann** nicht in den Tüll-Tempel nötigen. Es sei denn, er war vorher schon in der Whisky-Bar und der Tülltempel hat eine Ablagefläche und einen Eimer für Notfälle. Stimmt das so?

Außer Opi! Ja, der Opi kommt vielleicht mit und ist eine wundervolle Begleitung. Bedingungslose Liebe bietet viel Raum zur Entfaltung.

Das Baby im Maxi-Schmusy?? Gerne doch. Es gibt der Braut den Freiraum, sich im erwählten Kleid einzuleben. Aller Augen sind auf das hoffentlich friedlich schlummernde **Kindlein** gerichtet. Schläft das Baby nicht friedlich, hat **die Begleitung** einen sinnvollen Job und kann nicht mäkeln. Das setzt aber Nerven aus Stahl bei der Mutter voraus und den Willen, die Lücke zu nutzen. Das können alle Mütter, die frischgebackenen tun sich ein wenig schwerer.

Die **Schwiegermutter?** Das kann, muss aber nicht gutgehen. Es ist wie mit der **Brautmutter** so heikel, dass ich ohne meine Psychotherapeutin, meine Anwältin und die Apothekerin meines Vertrauens dazu niemals nichts sagen werde. Fakt ist, werden sie gebeten, ist das der Ritterschlag und im **Doppelpack** eine Fülle von Möglichkeiten. Großes Kino. Her mit dem Popcorn!!

Die **Trauzeugin?** Oft ist sie die erste Wahl, aber stopp … nicht unbedingt die sinnvollste. Die Trauzeugin braucht nämlich selber noch ein Kleid und wird noch wichtige Pflichten übernehmen. Sie hat den Kopf eventuell nicht wirklich frei …!

Die Schwester! Genau. Blut ist dicker als Wasser, und hier bietet sich die ultimative Gelegenheit, sich für die geklaute Barbie-Puppe zu rächen. Wesentlich: Hat die Schwester schon geheiratet? Dann weiß sie genau, wie sich die Bride to be fühlt. Es sei denn, sie hat der Barbie die Haare geschnitten.

Die **Oma**? Muss unbedingt mit! Kein Zweifel! Hier gibt es kein Pro und kein Kontra nicht. Wenn die Oma kann … muss sie mit. Bitte! Bitte!

Die Tochter? Gerne, aber nur, wenn sie unter 10 Jahren ist. Ist sie das nicht, wird es sehr, sehr heikel und ganz selten von Erfolg gekrönt. Das liegt in der Natur der Dinge und bedarf keiner Erklärung. Einzige Ausnahme: Die Tochter ist selber Mutter einer Tochter, welche schon sprechen kann. Grins.

Die Cousine … kann eine gute Wahl sein, denn meistens hat frau gemeinsam mit ihr ein Stück Geschichte geschrieben. Sie kennt die Braut gut und lange genug, um ihren Gesichtsausdruck zu deuten. Macht sie ein Gesicht wie damals beim Mangold-Gemüse oder wie bei der Schwarzwälder-Kirsch zu Omis Geburtstag? Zur Sicherheit empfiehlt sich vorher ein Check des Poesie-Albums oder Freundschaftsbuches. Da Rache Blutwurst ist und wir Menschen zum Verdrängen neigen … sicher ist sicher.

Der Vater der Braut. Möchte und darf er mit, wird er seine Meinung äußern. Da Papi aber eher selten mit den modischen Strömungen der Brautmode vertraut ist, könnte seine Meinung als altmodisch empfunden werden. Wehe, ihr lacht. Er hat – leider – oft einen unbestechlichen Blick auf nackte Tatsachen, und wenn einer ehrlich ist, dann er. Wenn ihr euer Budget überschreiten wollt … klingt jetzt gemein (und ist es auch) … aber Vati lässt sich fast niemals lumpen.

Der beste schwule Freund. Wird euch mit Freuden begleiten und ist glorios, was guten Geschmack und mutige Entscheidungen angeht. Er wird 100%ig der Star im Tüll-Tempel sein und euch gnadenlos die Show stehlen. Stehlen trifft es nicht, aber ihr wisst schon. Da müsst ihr durch. Punkt. Er ist ungeschlagen der Favorit in der Disziplin »Entdecke die Möglichkeiten«. Wenn ihr eure Hochzeitsgesellschaft flashen wollt, hört auf ihn. Unbedingt!!

Die Kollegin. Wird sie doch vielfach zur Freundin, und ich habe fabelhafte Erinnerungen an solche Duos. Ich kann nur spekulieren, dass es deshalb so gut klappt, weil frau die Freundin/Kollegin im Erwachsenenalter kennengelernt und sich mit ihr zusammengerauft hat. Sie ist ehrlich, wohlwollend und verfügt über die nötige Distanz.

Die zukünftige Schwägerin. Ganz ehrlich! Das kann, muss aber nicht zwangsläufig schwierig werden. Wenn die Schwägerin in spe in der Lage und zudem gewillt ist, sich zurückzunehmen, könnte es klappen. Konjunktiv mit zwei, besser drei Ausrufezeichen. Im prallen Leben habe ich öfter erlebt, dass ich mich mitten in der Beratung gefragt habe, wer denn jetzt das Kleid aussucht.

Bevor ich weiterschreibe, gilt folgender Sicherheitshinweis!!

Wenn eure Suche nach dem **Kleid der Kleider** von Erfolg gekrönt sein soll, nehmt ihr bitte aus jeder Kategorie nur eine Person mit. Warum? Geduld bitte! Dazu später.

Die beste Freundin ist nicht umsonst die beste Freundin. Sie liebt euch bedingungslos und hat sämtliche Höhen und Tiefen, die das Leben so bietet, mit euch gemeistert. Sie kennt euch »out of bed«, mit Liebeskummer und »on top of the world«. Eigentlich ist sie zu nah dran, um euch zu beraten. Da sie aber ehrlich sein wird und euch Sicherheit gibt, wäre es schön, wenn sie euch begleiten kann.

Die Fashion-Queen haben wir alle im Bekanntenkreis. Sie muss nicht unbedingt zum inner circle gehören, frau kennt sie halt. Immer sieht sie so aus, als wäre sie geradewegs vom Laufsteg gefallen oder auf dem Weg zum Foto-Shooting. Da sie sich offensichtlich mit Mode und Styles beschäftigt und über Geschmack verfügt, wäre sie eine Option. Fragt sie einfach mal. Ich bin sicher, sie wird alle Register ziehen und sehr inspirierend sein. Spätestens, wenn sie sich mit der Beraterin anlegt, ist die Zeit fürs Popcorn gekommen.

Euer Bauchgefühl ist der beste Berater. Es ist immer da, ihr müsst nur zuhören. Manchmal können wir es nicht hören, weil unser Kopf von Information-Overload angefüllt ist. Knipst eure Fantasie mal an und stellt euch vor, wie ihr eurem Liebsten entgegenschwebt. Fühlt euer Kleid und stellt euch vor, wie ihr eurem Liebsten entgegenschwebt. Ist es bequem? Liebt ihr den Schwung des Rocks und der Schleppe? Schaut ihr gerne in den Spiegel? Tränen sind niemals nicht das Maß der Dinge. Noch etwas. Fotos sind toll, zur nachträglichen Betrachtung. Sie ersetzen aber weder Gefühl noch Wirkung. Außerdem sehen wir auf Fotos alle fünf Kilo schwerer aus.

Auch die berühmte Nacht zum Drüber-Schlafen ist nicht wirklich hilfreich, der Moment ist futsch. Sie gibt euch aber die Möglichkeit, einen Finanzierungsplan auszuarbeiten, wenn ihr vorhabt, euer Budget zu überschreiten.

Ihr habt keine Lust auf Begleitung oder es ist unmöglich, einen gemeinsamen Termin zu finden?

Nun, es ist euer Tag und euer Kleid und da wären ja noch **die Profis** vor Ort. Ich behaupte jetzt mal ganz mutig, dass nur Menschenfreunde und Menschenfreundinnen in dieser Branche tätig sind. Sie sind auf deiner Seite, und wenn du es schaffst, ihnen zu vertrauen, und dein Bauchgefühl erhörst, findest du dein Traumkleid.

Früher oder später.

16. BRIDEZILLA

Keinesfalls handelt es sich hier um eine neu entdeckte Saurier-Art aus der Kreidezeit. Tatsächlich kenne ich diese Spezies nur vom Hörensagen und aus den Chat-Gruppen der Hochzeitsdienstleister.

Unschwer zu erraten, von welchem Monster dieser Begriff abgeleitet ist. Da ich eine lebhafte Fantasie habe, stelle ich mir eine in Tüll gewandete zweibeinige Echse vor, die in Übergröße Brücken und Hochhäuser zerlegt und danach Schiffe im Hafen versenkt. Roland E. lässt grüßen.

Die Märchen-Bridezilla zertrümmert aber keine Brücken und Skyscraper, sondern die Nerven und Planungen aller Beteiligten, die ins Hochzeitsfest involviert sein werden und nicht schnell genug die Reißleine gezogen haben.

Besonderes Augenmerk gilt ihrem Brautkleid.

Sie hat ganz genaue Vorstellungen, und wie praktisch, dass Braut mittlerweile mit zehn Personen Entourage im Tülltempel mit Häppchen und Getränken versorgt wird. Irgendwas muss frau ja zu sich nehmen. Das Gym zwecks Straffung der Silhouette kann sie sich sparen, denn die Anprobe von 30 Kleidern täglich verbrennt prima Kalorien.

Die Fachberaterinnen brauchen auch nicht mehr ins Gym zu gehen. Toll! Oder? Das Aufräumen und Schleppen von Kleidern und Getränke-Tabletts ersetzen locker zwei Stunden auf dem Laufband.

Hat sie dann ihr Traumkleid gefunden und bestellt, wird sie von Zweifeln befallen und zur Sicherheit wird eine zweite Runde eingeläutet. Die Entourage ist leider mittlerweile geschrumpft, weil drei Damen zum Alkohol-Entzug angemeldet sind und zwei einen Nervenzusammenbruch erlitten haben. Eine weitere hat sich mit Migräne abgemeldet und die Katze hat Flöhe.

In 15 von 30 angefragten und bereits besuchten Geschäften bekommt sie keinen Termin mehr, weil das Personal in Reha ist. Endlich sind mal nicht Corona, die Energiekrise oder der Fachkräftemangel schuld.

Nach Runde 2 ist das Traumkleid dann final ausgewählt. Die Geschäftsinhaber*innen haben eine Selbsthilfegruppe gegründet und die Mitarbeiter*innen lassen sich zur/zum Verwaltungs-Fach-Angestellten umschulen.

Ist das Kleid eingetroffen, muss die Schneidermeisterin ran, die tags darauf gekündigt wird, weil sie die Bride to be angeblich mit Nadeln gespickt und schließlich mit der Schere bedroht haben soll.

Völlig übertrieben?? Finde ich auch … und glaube, dass die Bridezilla nur ein Märchen ist.

Märchen sind toll … und Fortsetzung folgt.

17. EI-EI-EI

Ladys, es darf auch mal gut laufen und glattgehen. Ganz ehrlich. Warum so misstrauisch? Warum rechnen wir alle immer mit einem zwangsläufig dicken Ende, wenn es gut läuft?

Warum ich das schreibe? Gestern reisten zwei entzückende Damen im Atelier an. Beim Vorgespräch am Telefon blieb mir der Mund sprichwörtlich vor Schreck offen stehen. Die Braut hatte Riesen- Angst davor, sich ein Kleid auszusuchen. Ups. Wie jetzt? Sie hatte ihre Freundin beim Kleider-Kauf begleitet und stand nach einem unschönen Erlebnis dermaßen unter Schock, dass sie es einfach hinter sich bringen wollte. So schnell wie möglich. Je eher, desto besser. Am liebsten gar nicht! Uff.

Das muss frau erst mal verstoffwechseln.

Ich weiß jetzt, wie sich mein Zahnarzt fühlt, wenn er zur Begrüßung in ein angstverzerrtes und misstrauisches Gesicht schaut und die Panik spürbar den Raum flutet.

Was dann geschah?

Ich kürze hier mal ab. Am Ende eines sehr vergnüglichen Nachmittages zwischen Tüll und Rosato sitzen die beiden Freundinnen komplett fassungslos auf meinem roten Sofa.

Das Kleid der Kleider war gefunden ... ein wahres Träumchen. Alle probierten Kleider passten tatsächlich und standen ihr von toll bis voll toll. Aber der Favorit, erkennbar am O-Ton der Bride to be »Ei ... ei ... ei...!!«, war der Kracher. Die Schneiderin, flugs zugeschaltet, konnte versprechen, dass die Änderungen weder aufwendig noch kostspielig werden würden. Da ich bräutliche Gewänder auf Kommissions-Basis verkaufe, entscheidet auch die Vorbesitzerin letztendlich über den Verkauf und war nach einem kurzen Telefonat mehr als sehr großzügig, was die Nachverhandlung des finalen Preises anging. Auch das noch! Wie ist das möglich??

Wo ist der Haken? Wo lauert das dicke Ende? Wie? Direkt im ersten und in einem so kleinen Geschäft ohne glamourösen Insta-Auftritt. Ein Secondhand-Lädchen auf dem Lande einer nicht multitaskingfähigen Inhaberin, die immer den Sekt verschüttet.

Egal, wo und wie. Wenn es läuft, dann läuft es. Genießt es doch einfach und sucht bitte nicht immer nach dem dicken Ende.

Jaja, ich weiß. Momentan ist alles schwierig, teuer, lieblos, hingepfuscht, mühsam, langwierig, traumatisch, ärgerlich und, und, und.

Denken wir Menschen immer, wir hätten es nicht verdient? Lauert das Böse überall? Zack, schon wieder reingefallen. Wusste ich's doch, das war einfach zu gut! Das konnte nur schiefgehen!

Nein und nochmal nein. Ich würde aber lügen, würde ich behaupten, dass es mir anders geht.

Kaum läuft was richtig gut, rechne ich auch mit der nächsten Klatsche.

Aber wenn es läuft, dann läuft es! Wenigstens bis zum nächsten Peng.

Das dicke Ende wartet bestimmt schon hinter der nächsten Ecke.

Zum Zahnarzt muss ich auch. Ei ... ei ... ei!

18. TÜLLERIEN ZWISCHEN TÜLL UND TRALLALA

Klappe, die erste. Das Atelier für Schönes, meine Wirkungsstätte zwecks Transformation zukünftiger Ehefrauen in strahlende Bräute.

Da hängen Träume an den Stangen. Brautträume für Traumbräute und eine Menge Tüll, Glitzi und Funkel. Tritt eine Bride to be über die Schwelle, schnappt sie erst mal nach Luft. Die Begleitung auch.

Erhöhte Atmung und beschleunigter Puls, glänzende Augen und fiebriges Hautgefühl sind untrügliche Anzeichen für sichtliche Aufregung.

So viele schöne Kleider ... kaum auszuhalten. Ich ahne, wie sich eine Bride to be fühlt, wenn sie mehr als fünf Kleider anprobiert hat und eine Entscheidung fällen soll. Wenn mich der Tüll-Rausch schon beim Anschauen heimsucht ... ach, ihr wundervollen zukünftigen Bräute ... ich möchte nicht in eurer Haut stecken.

Die Frage: Hilft viel Auswahl denn nun bei der Entscheidung? Ist es nicht so, dass sich die Braut unweigerlich fragt: »Oh, dieses hier gefällt mir, aber ich habe die anderen 999 Kleider weder anprobiert noch gesehen.« Glaubt mir, besser ist das.

Viel hilft eben nicht unbedingt immer viel. Wer die Wahl hat, hat die Qual … klar, immer her mit den Sprichwörtern. Aber es ist der schönste Tag … mit dem schönsten Kleid!

In der Regenbogenpresse habe ich unlängst die Hochzeitsreportagen zweier prominenter Blondinen verfolgt. Nummer eins trug nur vier Kleider an ihrem Hochzeitstag, und Nummer zwei hat es auf zehn gebracht. Anmerkung der Autorin: Ich lese diese Klatsch-Illus natürlich nur zum Zwecke der Weiterbildung.

Ich frage mich zwar, wann sie gefeiert haben und vor allem wo. In der Ankleide? Wahrscheinlich ist das der Grund, warum die Prominenz gerne drei Tage feiert. Das Umziehen dauert immer so lange.

Die Idee ist vom Prinzip her gut. Warum sollte Braut nicht für den offiziellen Teil, sprich Kirche, Standesamt, Empfang und Fotoshooting, das opulente Modell aus der Kategorie »Atmen wird überbewertet« tragen? Dann haben alles es gesehen und es ist für die Ewigkeit konserviert.

Für die kulinarischen Freuden zieht sie das Modell »Zwei Törtchen passen noch rein« an und tauscht es gegen Abend gegen ein peppiges, kürzeres Tanzkleid ein?? Dann könnt ihr auch an heißen Sommertagen leicht und unbeschwert das Tanzbein schwingen.

Geniale Strategie, weil hier keine Wünsche offen bleiben. Ich habe wie immer ein klitzekleines Bisschen übertrieben, aber viele Bräute ziehen sich mittlerweile um. Anmerkung der Autorin: So ein Traumkleid wiegt unter Umständen auch einige Kilos.

Es gibt auch Kleider, die alles mitmachen. Das wird schon klappen.

19. NIEMALS UNMODERN ...

Soll das Kleid der Kleider sein! O-Ton einer zukünftigen Braut. Die Rede ist von einem Braut- und Hochzeitskleid, selbstredend.

Ich bin eine Frau und ich will es genau wissen. Warum?

Ich zitiere: »Weil ich es schlicht furchtbar finde, dass Hochzeitsbilder aus der abgeschlossenen Vergangenheit so lächerlich wirken. Das Kleid, die Frisur und das Make-up ... einfach **alles**. Grumpf.«

»Aaaah! Verstanden.« Ich schinde ein bisschen Zeit ... um nachzudenken.

»Aber liebste Kundin ...« Räusper. »Mode und Styling sind Zeitzeugen und spiegeln immer eine bestimmte Epoche wider.«

»Das ist ja das Schlimme. Ich mache da nicht mit und möchte eine zeitlose Braut sein!« Sie fügt grimmig hinzu: »Ich möchte nicht, dass sich meine Kinder (Futur 1) mal über mich lustig machen.«

Auch das verstehe ich. Leider muss ich jetzt grinsen, denn um den zweiten Teil des Wunsches kommst du als Mutter (als Vater auch) sowieso nicht herum.

Widmen wir uns Wunsch 1.

Zum allgemeinen Verständnis sei gesagt, dass die Mode in der Hochzeitsbranche sehr stark von modischen Strömungen unterspült ist. Ich kann anhand der präsentierten Gewänder in der Sendung zwischen Prüll und Tränen eindeutig feststellen, ob es eine Wiederholung ist, und wenn ja, aus welchem Jahr sie datiert.

Fangen wir mit dem Kleid an. Ist es von der Stange, gefertigt in Weit-weit-weg, wird es schwierig bis unmöglich. Anmerkung der Autorin: »Von der Stange« bedeutet industrielle Fertigung in Massenproduktion.

Weg muss alles, was aktuell im Trend liegt. Tüll, die Farbe Blush, Kristalle, Pailletten, Tattoo-Spitze, 3-D-Spitze, Cutouts usw. Abgerüstet, bleibt ein helles und schlichtes Kleid übrig. Modischen Spielraum habt ihr bei den Ärmeln, beim Ausschnitt, dem Stoff und bei der Länge. Spitze darf bleiben. Sie gibt es schon lange und wird es immer geben.

Ihr habt ein eher rundes Gesicht und nicht so viel Hals, dann streckt ein V-Ausschnitt eure Proportionen vorteilhaft. Bei einem ovalen bis länglichen Gesicht und längeren Hals (die Pakete werden von Mutter Natur immer passend in Kombi geliefert) könnt ihr einen runden und halsnahen Ausschnitt wählen.

Lasst euch ein Kleid schneidern. Es wird ein klitzekleines Bisschen mehr kosten, aber dafür wird es zeitlos sein. Ich selber habe in einem solchen Kleid vor 28 Jahren »Ja« gesagt. Die Mutter einer Berufsschulfreundin schneiderte damals für die Düsseldorfer Reichen und Schönen. Nicole und ich schworen uns in der letzten Bank, wenn wir mal heiraten würden, dann nur in einem Kleid von Resi. Das haben wir auch gemacht, mit einem Abstand von vier Wochen. Noch heute bekommt Resi von mir stets das erste frisch gekochte Brombeer-Gelee der Saison. Von glücklichen Beeren natürlich.

Über Frisur und Make-up reden wir etwas später.

20. DAS BRAUT-KLEID FÜR DIE TOCHTER AUFHEBEN

Ein schöner Gedanke. Unlängst fragte ich eine Kundin, die im vergangenen Jahr Ja gesagt hat, was sie nun mit ihrem Brautkleid macht. Die Frage war nicht ganz uneigennützig. Bin ich doch immer auf der Jagd nach schönen bräutlichen Gewändern, die noch eine weitere Braut glücklich machen können.

O-Ton der Mama to be: »Ich verwahre es für meine Tochter und fände es schön, wenn sie in meinem Kleid heiratet.«

AHA und STAUN! Ich verlasse meinen Tüll-Tempel ja stets mit frischen Erkenntnissen und lasse euch nur zu gerne an meinem Erfahrungsschatz teilhaben. Diese Aussage ist neu. Für mich! Nagelneu ... oder besser »tüllneu«.

Aus dem prallen Leben berichtet.

Vor knapp sechs Wochen hat meine Braut und Kundin in einem original Vintage-Traumkleid geheiratet. Eine absolute Sensation und Augenweide. Und eine absolute Ausnahme.

Wüsste ich es nicht besser, würde ich behaupten, dieses Kleid hat sich nach der ersten Hochzeit vierzig Jahre lang versteckt, um auf genau diese Braut zu warten. Ein einmaliger Zufall?

Bei Taufkleidern kommt es nicht so selten vor, dass Täuflinge (vorzugsweise aus königlichem Hause) in hundert Jahre alten Relikten den kirchlichen Segen empfangen. Das Taufkleid wird von Generation zu Generation weitergereicht.

Dem Säugling ist es auch völlig egal, in welch ehrwürdige Spitze er/sie/es pupst oder kötzelt. Hauptsache, es kratzt nicht!

Zurück zum Brautkleid.

Es kommt alles wieder! Richtig! Gerade hat sich unsere Generation von den psychedelischen Tapeten unserer Jugend und Kinderzeit erholt, schwups, werden sie als »retro« gefeiert. Brautkleider auch. Jetzt heißen sie nicht mehr Hippie, sondern Boho.

Bei textilen Schätzen verhält es sich ähnlich wie bei Möbeln. Sie werden in einer ungefähr bestimmten Zeitspanne völlig unmodern, um nach einer weiteren ungefähr bestimmten Zeitspanne eine Rarität zu sein.

Wäre da nicht ein Haken! Im Zeitalter der industriellen Fertigung und hohen Importquoten aus Fernost würde ich doch sagen: »Wenig ist für die Ewigkeit!« Besonders Tüll, der Stoff, aus dem die Träume sind, wird ziemlich schnell brüchig und zerbröselt dann einfach. Es ist wie mit vielen Dingen im Leben. Ein Schrank, der nach guter alter Handwerks- und Schreinerkunst gedrechselt wurde, überlebt bestimmt die kommenden Jahrzehnte. Dies setzt hochwertiges Material und handwerkliches Können voraus. Beide Attribute kosten Geld, viel Geld. Beides Mangelware.

Fazit.

Wenn diese Merkmale auf euer Brautkleid zutreffen, hebt es unbedingt auf. Wenn nicht? Verkauft es und investiert das Geld in einen Kinderwagen, der sich auf der Stelle drehen lässt und mit einem Handgriff zu zerlegen ist.

Eine weitere Idee folgt in den nächsten Kapiteln.

21. FEHLKAUF

D em Thema Fehlkauf möchte ich, obwohl es nicht besonders heiter ist, ein paar Sätze widmen.

Es ist nicht immer das, was es zu sein scheint. Ein Fehlkauf landet nämlich öfter in dieser Kategorie, als dass er es tatsächlich verdient hätte. Ist er etwa nur Einbildung?

Wie er entstehen könnte und was frau dafür oder dagegen unternehmen kann.

Die Brautkleider-Szene ist ein heißer Markt. Die Beratung und der Verkauf sind sehr zeit- und somit kostenintensiv. Die Aufenthaltsgenehmigung für eine Braut und ihre Begleitung in einem Tüll-Tempel wird schon bei Buchung des Termins auf zwei Stunden beschränkt. Diese Zeitspanne ist eigentlich, wenn die Anzahl der zu probierenden Kleider nicht automatisch mit beschränkt wird, kaum haltbar. Es entsteht Druck ... und Druck kann, muss aber kein guter Berater sein.

Ihr steht also im Braut-Palast, habt fünf Kleider anprobiert und das Stundenglas rieselt auf die Zwei-Stunden-Marke zu. Zwei der fünf Kleider erreichen auf der Richter-Skala 8,9 von 10 Punkten. Die Beraterin weiß, gleich wird die nächste Gesellschaft aufschlagen. Der Sand rieselt weiter. Ihr habt aber das Gefühl, mindestens zehn Kleider zu verpassen, und möchtet noch nicht zu eurem Favoriten Ja sagen. Statt freudigem Prickeln macht sich Panik breit. Auf beiden Seiten. Die Expertin kennt diesen heiklen Punkt und zückt die Rabatt-Karte. 20 % Rabatt, wenn du sofort Ja sagst.

»Oh, wie erfreulich. Aber ich bin immer noch nicht sicher«, denkt sich die Braut, die sich nicht traut.

Nächste Stufe … in einem Geschäft, das ich nicht weiterempfehlen würde.

Stufe zwei. Der Druck wird erhöht. O-Töne vom Personal:

»Einen weiteren Termin bekommst du erst in acht Wochen. Dann wird die Lieferzeit nicht mehr reichen und dein Kleid ist auch nicht mehr da. Die Beratungsgebühr ist zudem futsch.«

Aua.

Das baut Druck auf … soll es auch.

Zum Verständnis: Viele Geschäfte erheben eine Beratungsgebühr, die beim Kauf verrechnet wird und bei Nicht-Kauf fällig ist. Dieser Brauch expandiert im gleichen Verhältnis wie Brautkleid-Tourismus. Nachzulesen im Beitrag »Bridezilla«.

Oft führt Stufe zwei zu einer Entscheidung und zu einem glücklichen Ende. Genauso oft aber auch nicht. Dann droht der Abbruch oder der so genannte Fehlkauf.

Ob ein Fehlkauf auch wirklich ein Fehlkauf ist, wird sich erst später zeigen oder entwickeln. Zu 70 % ist es ein Hirngespinst, gewachsen auf einem Berg Unsicherheit und mangelnder Bestätigung. Im schlimmsten Fall einer forcierten Entscheidung unter Druck geschuldet.

Ich habe nur drei wirklich reale Tipps für euch.

Der Zeitpunkt muss stimmen (nicht zu früh und nicht zu spät), eure Entourage und das Geschäft nebst Beraterin wollen sorgfältig ausgewählt sein.

Nein-Sagen kann hilfreich sein ... auch bei Ja-Sagerinnen.

22. ZWEIFELEI

E ure Hochzeits-Agenda steht. Datum, Ort, Gäste, Dienstleister und Zubehör sind aus- und erwählt.

Herzlichen Glückwunsch.

Dann kommen sie auf leisen Sohlen angepirscht. Die Zweifel. Zweifellos seid ihr keine Ausnahme. Es ist wirklich zum Verzweifeln … diese Zweifelei.

Ich bezweifle, ob das alles so richtig ist, was ich hier gerade schreibe.

Beschränken möchte ich mich in diesem Beitrag auf eines meiner Fachgebiete. Oder doch auf alles, was frau in Frage stellen kann? Oder lasse ich diesen Beitrag dezent unter den Tisch fallen und drücke die »Lösch mich«-Taste?

Wir müssen eine Entscheidung fällen. Meine ist gefallen. Ich schreibe weiter, weil es zweifellos wichtig ist, bestimmte Dinge anzuzweifeln.

Wir fangen mit dem Hochzeitskleid an. Mit viel Liebe und unter Freudentränen ausgesucht, hängt es kaum versteckt im Schrank, geht es los. Natürlich habt ihr vorher weltmeisterlich im Netz gegoogelt, und da das Netz nicht weiß, dass ihr schon yes zum dress gesagt habt, zeigt es euch weiter Kleider an. Scrollt sofort weiter und … bloß nicht hingucken. Mein Tipp: Daumen hoch bei Werbung für Hörgeräte. Die Wichtel im Netz werden euch sofort mit neuem Input füttern. Eventuell startet ihr ja noch eine neue Laufbahn als Hörgeräte-Akustiker? Lohnt sich bestimmt, und von den Kleidern habt ihr erst mal Ruhe.

Anmerkung der Autorin: Es ist völlig normal, an den kaum ausgesuchten Spezialitäten zu zweifeln. Natürlich werdet ihr immer etwas Schöneres, Günstigeres und Außergewöhnlicheres finden. Die Frage ist nur: wann und wo? Auch wenn ihr tatsächlich fündig werden solltet, werdet ihr diese Entscheidung auch wieder anzweifeln? Es geht immer so weiter, bis ihr kein Kleid mehr findet, das schnell genug geliefert werden kann. Für Bestellungen müsst ihr momentan mit sechs bis neun Monaten Lieferzeit rechnen.

Mein Atelier ist im Übrigen gut gefüllt. Unter anderem mit angeblichen Fehlkäufen. Die wenigsten sind tatsächlich Fehlkäufe, sondern nur Zweifel-Opfer. Also Augen zu und den Fokus auf weitere Zutaten für euer Fest gerichtet.

Beim Braut-Make-up und Haaren verhält es sich sehr ähnlich. Mit einer Einschränkung. Sofern ihr nicht im Kindergarten-Alter anfangt, nach einem Profi auf diesem Gebiet zu recherchieren, habt ihr sowieso keine Alternative. Die Könner*innen sind auf Jahre im Voraus ausgebucht. Wenn ihr euch nach der Probe nicht gefallt, kann es heikel werden. Hier hilft nur ehrliche und sofortige Kommunikation. Meine Hotline für Hochzeitskummer setzt sich häufig mit dieser Problematik auseinander. Ihr müsst sagen oder zeigen, dass es euch nicht begeistert. Wohlwissend, dass es schwer ist, etwas zu bemeckern, von dem frau nicht weiß, was genau nicht stimmt. Bleibt hart und ... sitzen. Wenn der Profi nicht auf eure Bedenken eingeht oder mit dem Anmarsch der nächsten Kundin droht ... Houston, dann habt ihr ein Problem.

Meine Gedanken hierzu teile ich im nächsten Beitrag mit euch.

23. EINMAL ALS BRAUT

Wir alle leben auf diesem Planeten deutlich länger als noch vor hundert Jahren und heiraten deshalb etwas häufiger als vor hundert Jahren. Großzügig formuliert.

Somit kommt es nicht so selten vor, dass Bräute im besten Alter in meinem Atelier erscheinen, um sich angemessen bräutlich für eine zweite oder dritte Trauung ausstaffieren zu lassen.

Sie erzählen seufzend, dass das erste Kleid bei der damaligen Hochzeit von der Nachbarin geerbt, von der Schwiegermutter aufgezwungen war oder eben gar nicht existiert hat. Oder es war eben mehr ein Umstandskleid, weil es den Umständen entsprach.

Heimlich wünschen sie sich jetzt endlich mal ein echtes Brautkleid mit allem Zipp und Zapp.

Gleichzeitig soll alles schön im Rahmen bleiben und sie möchten es nicht übertreiben.

Schließt sich das aus? Nein.

Glaubt ihr, ich sehe eure Seitenblicke Richtung Prinzess-innen-Abteilung nicht, während wir ein gemäßigtes Braut-kleid anprobieren?

Wo steht geschrieben, dass frau zur zweiten bis vierten Hochzeit kein richtiges Brautkleid tragen darf? Ganz in Weiß findet ihr albern? Glück gehabt. Es gibt Ivory, Blush, Moccha, Creme, Nude, Dunkel-Weiß usw. Probiert es einfach an und aus. Es gibt wirklich (schwör und noch-mals schwör) für jede Braut das passende Traumkleid. Vielleicht habt ihr es ein kleines bisschen übertrieben? Was soll euch passieren? Was habt ihr zu verlieren? Ihr könnt nur gewinnen. Entweder die Erkenntnis, dass ihr mehr so eine Prinzessin-Undercover oder, hoppla, eine sehr geschmackvolle und liebreizende Braut seid ... bes-ser, sein könntet.

Aber ... aber es ist doch nur das Standesamt. Wie sieht das denn aus? Toll, würde ich sagen. Es sei denn, ihr passt mit eurem Kleid nicht durch die Tür. Anmerkung der Autorin: Nur altehrwürdige Standesämter haben Flügeltüren.

Gestern kaufte eine Braut eine Jeans-Jacke, passend bräut-lich aufgepimpt zu ihrem neutralen Hochzeitskleid.

Wir plauderten ein bisschen bei Kaffee und Gebäck. Die Niederländer nennen das »Lekker klatsen mit de Klanten«. Hatte ich erwähnt, dass ich den Lockdown zur Weiter-bildung genutzt habe? Ich habe eine Menge gelacht, die Sprache ist so drollig.

Sie bat mich, doch nur mal so, zum Spaß, in ein richtiges Kleid schlüpfen zu dürfen. Natürlich durfte sie. Wir haben ganz viele Fotos gemacht, weil sie so bezaubernd aussah.

»Nicht dass mein Zukünftiger noch auf ein richtiges Brautkleid besteht.« Sie schmunzelt und freut sich.

Warten wir mal ab.

24. TRÄNEN

Tränen fließen meistens, wenn es hochemotional wird. Da dies hier eine vorwiegend heitere Lektüre ist, sprechen wir natürlich ausschließlich von Freudentränen.

Im Geschäft für bräutliche Gewänder werden sie als sicheres Indiz gewertet, dass das Kleid der Kleider erwählt ist. Keine Tränen ... kein Kleid! Die Frage der Fragen: Wann heult die zukünftige Ja-Sagerin endlich? Moment mal! Sie hat schon zehn Kleider anprobiert und die Augen sind immer noch trocken? Kein Ei-Ei-Ei? Das sind zudem echte Indikatoren, dass es auf der Richterskala in höhere Bereiche driftet.

Da stimmt doch was nicht? Doch, doch, alles in Butter, äh, Verzeihung, Spitze und Tüll.

Aber? Kein Tränchen will sich zeigen. Na, so was.

Baut sich da Druck bei der Braut auf? Muss denn jede Bride to be weinen?

Was ist, wenn einfach keine Tränen fließen wollen? Die Augen bleiben trocken? Keine Schmetterlinge im Bauch? Nur Prosecco? Hicks.

Die Entourage heult auch nicht? Hm. Was nun? Können Zwiebeln helfen oder ein dezenter Tritt auf die bräutlichen Zehen? Na bitte. Geht doch. Sie weint.

Also, ich bin bestimmt die Erste, die mitschluchzt, aber Tränen werden beim Brautkleider-Kauf absolut überbewertet.

Jeder darf auf diesem Planeten schniefen, wann er/sie/es die Situation für angemessen hält. Alles darf … nix muss.

Eventuell treibt euch der Preis eures Traumkleides die Tränen in die Augen? Es gibt Kleider, die sind so kostspielig wie ein Kleinwagen. Oder ihr könntet die Gasrechnung für eine 100-qm-Wohnung (Altbau) für drei Jahre bezahlen. Anmerkung der Autorin: Wir schreiben September im Jahr 2022.

Fakt ist, wenn keine Kamerateams anwesend sind, müsst ihr auch nicht weinen. Beim Sender Minus Vier und in der Sendung zwischen Prüll und Hyänen ist das Pflicht, sonst seid ihr raus.

Im prallen Leben könnt ihr einen Handstand machen, einen Freudentanz oder ein Pokerface. Oder euch einfach nur freuen, weil ihr euer Traumkleid gefunden habt.

Sicherheitshalber lege ich mal eine Zwiebel zum Prosecco in den Kühlschrank. Sicher ist sicher.

»Be prepared« ist die Parole.

25. ICH MÖCHTE IN MEINEM BRAUT-KLEID BEERDIGT WERDEN

Ups.

Dieses Zitat hatte ich wirklich, wirklich noch nie gehört.

Bis gestern.

Es war die, zugegeben, unerwartete Antwort auf meine Frage, ob die anwesende Braut ihr Kleid vielleicht nach der Hochzeit in meinem »Zweite-Liebe-Atelier« veräußern möchte. Ich verbinde gerne das Angenehme mit dem Nützlichen und verschwende ungern Zeit. Her mit dem Dress!

Diese Ehefrau to be hatte sich zum Styling angemeldet, und weil es so schön privat bei mir ist, dürfen sich die Damen anschließend gerne in der oberen Etage umziehen, um dann in voller Pracht von ihrer Familie abgeholt zu werden. Das sind immer tolle Momente und wir alle tanken Glücks-Vibes auf Vorrat. Die Nachbarn meines Ateliers freuen sich und tanken ebenfalls. Ist und bleibt eine Braut mit Entourage doch ein besonderer Anblick. Ein Hup-Konzert gibt's umsonst dazu. Hin und wieder verlassen auch wild aussehende Kriegerinnen oder Fantasie-Prinzessinnen nebst Fotografin das Haus. Es wird nie langweilig und gibt immer was zu gucken.

Zurück zum gestrigen Tag.

Eine zufällig anwesende Kundin, die nur ihr Kleid abgeben wollte, bat mich leise um Aufenthaltsgenehmigung und verfolgte die Abhol-Zeremonie mit glänzenden Augen aus der Make-up-Ecke heraus.

Die glückliche und sehr schlanke Braut trug Bauchfrei mit Fell-Weste. Ja, es ist mittlerweile Dezember und sehr kalt geworden.

Ein mutiger und außergewöhnlicher Look! Er stand ihr fabelhaft. Ich hätte es nie übers Herz gebracht und die Statistik bemüht, die besagt, dass zwei von drei Ehen innerhalb der ersten sieben Jahre wieder geschieden werden und die Wahrscheinlichkeit, dass sie bauchfrei mit Fellweste beigesetzt wird, somit unter fünfzig Prozent liegt. Das lasse ich jetzt mal kommentarlos so stehen und überlasse es euch, diesen Faden weiterzuspinnen.

Goldig fand ich die Idee der besagten heimlichen Zuschauerin, die ihr Brautkleid veräußern wollte, um den Gewinn in harter Währung zu investieren.

Da ihre Mama das Kleid bezahlt hat, wäre ein Schmuckstück eine angemessene Erinnerung. Tüll und Fell sind leider sehr vergänglich und zudem die Leibspeise von Motten und Co. Unlängst hatte ich in diesem Büchlein über die These einer Braut gesprochen, die ihr Kleid so gerne für die Tochter aufheben wollte. Auch spannend!

Wenn Kinder nicht zu eurem Lebensplan gehören, finde ich die Idee goldig, Tüll in harte Währung umzumünzen. Auf jeden Fall besser, als ihn den Motten zum Fraße vorzuwerfen.

Was meint ihr?

26. MACHEN KLEIDER LEUTE?

Wie ich darauf komme? Es ist Hoch-Zeit für Kleider. Brautkleider, Abi-Ball-Kleider und Kleider für die Schützenfeste. Natürlich!!

Vermutlich kommt es ganz darauf an, wen wir zu diesem Thema befragen. Ein*e Modedesigner*in wird diese Frage erwartungsgemäß anders beantworten als ein buddhistischer Mönch. Letzterer ist sehr einfach zu identifizieren.

Helfen uns bestimmte Gewänder dabei, bestimmte Menschen und ihre Position leichter zu identifizieren?

Ein Beispiel aus dem prallen Leben.

Eine Person, gewandet als Rob der Baumeister, befindet sich auf einer Hochzeit. Hier gibt es mehrere Möglichkeiten. Entweder hat sich der Handwerker in der Adresse vertan, die Technik ist ausgefallen, die Toilette verstopft, oder der Vater der Braut hat Rufbereitschaft?!

Die Braut ist meistens relativ einfach zu identifizieren. Ist es ihr doch als Einziger vorbehalten, ganz in Weiß zu erscheinen. Oder sie trägt einen Brautstrauß. Wie identifizieren wir den Bräutigam? Achtung, Falle! Ist der Bräutigam nicht mit einem Blumenanstecker am Revers gekennzeichnet, kommt es hier schon mal zu peinlichen Verwechslungen. Er muss nicht unbedingt den tollsten Anzug tragen. Also ... Augen auf beim Gratulieren!

Bei standesamtlichen Trauungen ohne weißes Kleid kann es schwierig werden. Unlängst beobachtete ich von der Dachterrasse eines Lokals eine muntere Hochzeitsgesellschaft. Obwohl Profi auf diesem Parkett, ist es mir nicht gelungen zu erkennen, wer dort Ja gesagt hatte. Jede*r fiel jeder und jedem um den Hals ... Kein Brautstrauß, kein Brautkleid und kein Anstecker!

In ganz smarten Betrieben erkennen wir die Alpha-Tierchen schon lange nicht mehr am edelsten Outfit. Nur Ignoranten grüßen die Person mit Mopp nicht. Haha, reingefallen. Das war der/die neue CEO. Er/sie hat Kaffee verschüttet und liebt den neuen Wisch-Mopp. Ätsch. Reingefallen. Du kannst nach Hause gehen ... oder beten, dass die Erde dich vorher verschluckt.

In einem schlauen Bericht über Persönlichkeitsentwicklung las ich über eine tolle Challenge zwecks Stärkung des Mind-Sets. Die Aufgabe war:

»Gehe völlig over-/underdressed auf eine Party und amüsiere dich!«

Das habe ich sofort ausprobiert.

»Gehe nicht über Los, sondern gleich ins Gefängnis!« hätte es besser getroffen.

Machen Kleider denn jetzt Leute??

Nicht unbedingt und nicht immer.

Aber es war schon immer so und wird es auch bleiben.

Zumindest in der freien Welt ... was wiederum sehr schön ist.

27. ICH HASSE KLEIDER ...

Sprach die Braut, gleich nach der Begrüßung, im Tüll-Palast. Trotziger Blick. Verschränkte Arme.

O-Ton: »Ich bin kein Kleidertyp!!! Sie stehen mir nicht!« So! Peng!

Aha.

Die versammelte Entourage schwankt zwischen Peinlichkeit und Sensationslust. Alle sind gespannt, denn die Braut möchte Ja sagen. Ein Hauch von Verzweiflung wabert durch die Luft.

Ein Kleid muss her.

Muss es eigentlich nicht!! Vielleicht ein Hosenanzug oder Jumpsuit? Letzteres ist mega-in, aber gnadenlos. Es betont all unsere Problemzonen wie kein zweites Kleidungsstück. Also vielleicht doch ein Kleid? Ein Hosenanzug? Oder besser gleich ein Tarn-Umhang?

Bevor ich auf die Braut zurückkomme ...

Jetzt mal ehrlich! **Es gibt niemanden nicht, dem ein Kleid oder Rock nicht steht.** Auch Männer können in Röcken fabelhaft aussehen. Jamie aus den schottischen Highlands lässt herzlich grüßen. Wer liebt ihn nicht? Aye, ich schon. Auch wenn frau 20 Jahre lang nur Hosen getragen hat, heißt dies nicht automatisch, dass ihr ein Kleid nicht steht.

Sie kann natürlich gerne Kleider hassen. Niemand möchte sie zwingen, Kleider toll zu finden. Öfter als vermutet ist diese Abwehr-Haltung aber nur der völligen Unsicherheit geschuldet, welche Stil-Richtung ihr eventuell stehen könnte. Wenn wir alles vorher wüssten, bräuchten wir keine Beratung. Da fängt ja der Spaß für die Profis erst an. Ohne Herausforderungen wäre das Leben wirklich echt eintönig.

Ich kann jede Bride to be verstehen, die angesichts der wogenden weißen Wellen in einem Tüll-Tempel die Krise kriegt. Das ginge mir in einem Autohaus genauso.

Von wegen entdecke die Möglichkeiten! (Nix wie weg hier!) Aber manchmal braucht frau eben ein Auto ... oder ein Brautkleid.

Da hilft nur eins. Lächeln, atmen, gaaanz langsam herantasten und vertrauen.

PS: Das Brautkleid hat die Braut gefunden. Es war Liebe auf den 3. Blick. Ich musste sie förmlich vom Spiegel wegzerren, während die gesamte Entourage heimlich vor Rührung Freudentränen vergoss. Na gut, ich musste auch ein bisschen weinen, vor Erleichterung.

Ich verrate euch jetzt ein Geheimnis … das Kleid findet immer die Braut. Nicht umgekehrt!

Niemals nie nicht.

28. HALTUNG BEWAHREN

Wir stehen vor dem Ankleide-Spiegel im Atelier. Die Braut und ich. Verzückte und kritische Blicke scannen das anprobierte Kleid.

»Da! Es wirft hier eine Falte« und »Dort sitzt es auch nicht richtig«.

Kleine Anmerkung der Autorin: Fast ausnahmslos alle Brautkleider müssen sich vor dem D-Day einer Änderungs- und Anpassungs-Prozedur unterwerfen. Sie sitzen nie wie angegossen. Ein Brautkleid möchte perfekt sitzen, um mit der Braut eine vollendete Symbiose einzugehen.

Zurück zum Spiegel. Das Kleid präsentiert sich obenherum nicht wirklich gut. Die Braut holt tief Luft und strafft die Schultern.

Ups. Auf einmal sitzt alles an der richtigen Stelle. Abrakadabra! Es ist kein Zaubertrick und kein Geheimnis.

Es ist, wie immer im Leben, alles eine Frage der Haltung. Geistig und körperlich.

Hängende Schultern und ein krummer Rücken stehen uns zwar zu keiner Zeit gut, aber im Alltag, unter der Last der zu verrichtenden Arbeit, schleichen sie sich ein. Physio-Therapeut*innen müssen schließlich auch leben.

Eine gute und aufrechte Haltung hat schon immer etwas für uns getan. Ballett und alle Kampfsportarten können ohne Haltung nicht. Stellt euch bitte mal die Prima-Ballerina in Dornhöschen mit Hängeschultern vor? Ja, da wollt ihr euer Eintrittsgeld zurück!

Bei Meister Yoda lassen wir das durchgehen ... aber hat er nicht Millionen Jahre (Sternen-Zeit) auf dem Buckel? Nicht sicher ich bin.

In vergangenen Zeiten wurde in der Schule für höhere Töchter das aufrechte Schreiten mit einem Bücherstapel auf dem Kopf trainiert. Das braucht ihr gar nicht. Stellt euch vor, ihr seid eine Marionette mit Fäden an Schultern und Nacken und der Puppenspieler hält diese straff. Das reicht schon.

Die Braut seufzt. »**Dann muss ich ja die ganze Zeit gerade sitzen oder stehen?**« Ja, musst du. Unbedingt. Normalerweise lehne ich das Wort »muss« wirklich vehement ab. Auf diesem Planeten müssen wir alle nur eines. Ja. Okay, auch ständig Pipi.

Es gilt Haltung zu bewahren ...

Oder du wählst ein Kleid mit eingearbeiteter Korsage. Die macht das für dich. Dann gibt es eben nur eine Kinder-Portion und keinen Nachtisch. Pest oder Cholera?

Du hast die Wahl. Wähle klug!

29. VIVA LAS VEGAS

Vor Wochen schlug eine rassige junge Dame im Tüll-Palästchen auf, eine leicht verstimmt blickende Schwieger-Mutti im Schlepp.

Ein Brautkleid war ihr Begehr. Sexy und nicht zu viel Stoff bitte. Sie müsse mit dem Kleid in einen Helikopter passen.

Aha, daher weht der Wind, aus dem Süden ... aus dem immer sonnigen Las Vegas. Eine Hochzeit zu zweit in der Wüste war geplant und das Ganze zeitnah. Bitte schön. Hopp ... hopp! Die Tickets sind gebucht.

Das erklärte die Wünsche der Bride to be und die sparsam schauende Schwiegermutter to be.

Auf das Kleid möchte ich nicht näher eingehen, wir wurden nicht fündig. Die zukünftige Braut beabsichtigte, auf 12-Zentimeter-Absätzen »Ja« oder »Yes« zu sagen, und die anwesenden Kleider waren allesamt zu kurz oder zu üppig.

Ich verkaufe bekanntlich Secondhand-Kleider und weiß, nur sehr, sehr wenige Damen der Republik halten einen Tag Hochzeit auf 12 Zentimetern aus. Deshalb sind viele Kleider auf niedrige Absatzhöhe gekürzt. Nun, die Dame kam nicht aus der Republik, und eine Hochzeit in Las Vegas dauert schließlich nur 20 Minuten. Die kann frau schon aushalten. Der anschließende Heli-Rundflug sollte sitzend stattfinden.

In Vegas könnt ihr euch wahrlich wie im Kino trauen lassen. Ganz großes Kino. Micky Maus, Marilyn, Elvis, Edward mit den Scherenhänden oder Freddy Krueger werden es schon richten.

Bekanntlich liegt ja in der Kürze eine besondere Würze.

Denkt aber bitte bei der Kleider-Wahl daran, dass euer Kleid möglichst knitterfrei gearbeitet ist und ihr eine wärmende Jacke benötigt. Wie in allen Wüsten-Städten herrschen in den Innenräumen selten mehr als 17 Grad. Wenn ihr das Kleid der Kleider beim Kofferpacken einrollt und so im Gepäck verstaut, wird es hoffentlich nicht so sehr knittern.

Ist euer Kleid dennoch zerknautscht dem Koffer entsprungen, leistet der Duschkabinen-Trick wirkungsvoll erste Hilfe.

Rein ins Bad! Türe zu, heißes Wasser bis zum Anschlag mehrere Minuten an! Kabinen-Türe auf! Kleid rein! Türe wieder zu! Meistens klappt es. Anmerkung der Autorin: Das Kleid soll sich nur im warmen Nebel entfalten. Also bitte das Wasser vorher wieder abdrehen.

Einen Hochzeits-Profi für Make-up und Haare könnt ihr für ein Jahresgehalt vor Ort buchen. Wie immer bestimmt die Nachfrage den Preis, und wer kann, der kann. Ich will da auch mal hin.

Auf die sparsam schauende Schwiegermutter to be komme ich später zurück. Versprochen.

Und jetzt?

Ab in den Süden! Der Sonne hinterher!

NACHWORT: NUR EIN KLEID

Zu guter Letzt möchte ich euch inständig bitten, nicht zu vergessen, es ist und bleibt nur ein Kleid.

Wirklich.

Traumkleid hin oder her. Es hängt weder euer Leben noch eure Ehe von der Pracht des Gewandes ab. Sind der Hype und die Aufmerksamkeit zu diesem Thema nicht ein bisschen überzogen und übertrieben?

Zurück auf den Marmorboden der Tatsachen. Wenn die verheirateten Damen ihre Kleider zum Weiterverkauf bei mir im Tüll-Palästchen abgeben, gibt es oft Kaffee und immer reichlich Geschichten. Ich sitze quasi an der Quelle und spitze meine Lauscher.

Nicht jede Frau hat schöne Erlebnisse bei der Kleiderwahl und oft gab es eine Menge Ärger. Selbst das tollste Kleid konnte nicht verhindern, dass bei der Hochzeit so einiges schief- oder glattlief.

Das Kleid der Kleider hat keinen Einfluss auf euer Leben. Schwör und nochmals schwör.

Es wird mit an Sicherheit grenzender Wahrscheinlichkeit irgendwann altbacken wirken, und eure Enkel lachen sich kaputt: »Guck mal, die Oma, wie lustig sah sie aus.«

Tatsächlich landen auch jüngst erstandene Kleider mit dem Kommentar »Die Scheidung läuft« bei mir. Dann hole ich den Alkohol raus. (Wenn die Dame nicht fahren muss.)

Klaro, es ist der textile Traum jeder hoffnungsvollen Braut … und kann es auch bleiben. Lasst es nicht zum Albtraum mutieren.

Ihr habt das selber in der Hand. Bitte gegen 17 Uhr das TV aus … Kein Prüll und keine Hyänen! Es ist nicht das pralle Leben, das dort gezeigt wird.

Da ich als Braut-Stylistin immer die letzten Stunden der Braut vor der Hochzeit live und in Farbe miterlebe, ist mein Fazit:

- **Achtung! Sicherheitshinweis. Noch könnt ihr weiterblättern.**

Von zehn Bräuten sind nur zwei wirklich freudig erregt. Der Rest ist kaputt, erschöpft und verärgert. Nicht wenige werden kurz vorher richtig krank, weil es einfach zu viel war. Viele Paare scheitern an ihrem eigenen Perfektionismus und es kriselt schon vor der Zeremonie.

Ein durchschnittlicher Hochzeitsvorbereitungs-Marathon dauert ein Jahr. Teilt eure Kräfte sorgsam ein.

Ich wünsche mir von Herzen, dass euch dieses Büchlein beflügelt und inspiriert oder eventuell vor der einen oder anderen Stolperfalle bewahrt.

Keep calm (unbedingt) and marry on (mit Spaß an der Freude).

So, jetzt geht es weiter und wir widmen uns:

BRAUTIS
GEHEIMNISSE

30. DER
BRAUT-FLOW

Ihr habt noch nie davon gehört? Dann ist jetzt die Zeit gekommen.

Gemeint ist das wohlige Kribbeln der bräutlichen Vorfreude, das jede Bride to be vom Scheitel bis zur Sohle fühlen kann, wann immer sie an ihre bevorstehende Hochzeit denkt. Es stellt sich zum Beispiel unfehlbar bei der Brautkleid-Auswahl oder beim Brautschuh-Kauf ein ... und natürlich bei vielen Zeremonien, die zur Vorbereitung auf den schönsten Tag gehören.

Hört sich das ein bisschen wie eine ansteckende Krankheit an?? Ansteckend? Unbedingt! Krankheit?! Ganz sicher nicht.

Get into the flow ...

Der Braut-Flow ist fragil, magisch und lässt sich nie nicht erzwingen. Er ist nicht käuflich und leider sehr flüchtig. Ähnlich einer zarten und duftenden Brise im Sommerwind. Stress und Druck lassen ihn welken wie einen Kopfsalat bei 40 Grad. Als Hochzeits-Expertin lege ich euch ans Herz, die wichtigen Termine rund um das Braut-Probe-Styling zu genießen und zu zelebrieren. Diese wichtigen Zeremonien dürfen niemals wie eine lästige Pflicht auf der To-do-Liste abgearbeitet werden. In den richtigen Händen wird die zauberhafte Entwicklung eures ganz persönlichen und individuellen Bridal-Looks eine Offenbarung für euch sein. Täglich erlebe ich diese Verwandlung mit Staunen und Vorfreude, also das volle Programm. Anmerkung der Autorin: Ich habe den tollsten Job der Welt, umgeben mich doch täglich werdende Bräute.

Ich habe tatsächlich schon erlebt, dass eine Braut to be nach der Make-up- und Frisur-Probe mit der Trauzeugin losmarschiert ist, um ein bräutliches Gewand zu erstehen, obwohl sie bereits ein nettes und festliches Kleid gekauft hatte. O-Ton der Dame: »Die Probe und mein neuer Look haben bei mir die Lust geweckt, eine richtige Braut zu sein. Mit allem Drum und Dran.« Staun und wieder staun. Das sind die bekannten Nebenwirkungen des Braut-Flows.

Wählt diesen Termin und die Stylistin mit Bedacht. Nehmt euch einen Tag frei und macht mit eurer Begleitung ein kleines Event daraus. Nutzt, wenn möglich, Tageslicht und die Gelegenheit, noch viele Male in den Spiegel zu schauen. Vielleicht könnt ihr im Anschluss die Absteck-Probe eures Traumkleides vereinbaren. Dann seht ihr euch tatsächlich in voller Schönheit. Die Fotos von diesen Terminen, gut verwahrt mit einem Passwort im Hochsicherheitsordner, zaubern den Flow herbei. Dann, wenn ihr ihn braucht, um die Hoffnung auf ein schönes Fest nicht zu verlieren. Dieser Zeitpunkt wird auch kommen, leider.

Wetten wir? Es wird funktionieren! Versprochen.

31. ES WAR FURCHTBAR!!

Äh, was genau?

O-Ton der Kundin: »Na, die Frisur und die Schminke, als ich letztens geschminkt wurde.«

Mit schöner Regelmäßigkeit vernehme ich diesen Satz, wenn eine erwartungsvolle Kundin vor mir sitzt, um sich für ihr Braut-Make-up probeschminken zu lassen. Zuerst gibt's nämlich immer ein Interview. Die Frage nach einem in abgeschlossener Vergangenheit erlittenen Styling-Trauma gehört zum Standard-Prozedere. Meistens muss ich nicht fragen, sondern es wird mir quasi zur Begrüßung (oder als Warnung) mitgeteilt. Die Alarmglocken schrillen und die Sirenen heulen.

Die Alarmglocken bimmeln tatsächlich an beiden Fronten. Nicht nur bei der Kundschaft. Auch bei den Profis.

Der Begriff »Hochzeit« ist mit vielen, vielen schönen Attributen belegt. Wir denken an Tüll, Tränen- und Schleier-Wolken. Viel Weiß und Spitze! Prächtigen Blumenschmuck, leckeres Essen, ausgelassene Stimmung – und hört die Glocken läuten. Für einige Menschen ist es das Signal, schnellstens abzutauchen … oder erst gar nicht aufzutauchen.

Viele meiner Kolleg*innen sind begnadete Make-up-Artist*innen. Sie machen alles, wirklich alles. Unter anderem basteln sie aus dir einen Alien, da würde ES die Krise kriegen. Oder sie verwandeln zehn Models im Handumdrehen in exquisite Kleiderständer. Aber Brautstyling? Was habe ich da nicht schon alles gesehen, als der Begriff fiel. Kreuzzeichen. Dreimal im Kreis gehen (gegen den Uhrzeigersinn). Eine dreifarbige Katze hastig aus der Tasche gezerrt, Amulette und Zaubertränke, um das Weiße abzuwehren.

Die Make-up-Profis tun gut daran, nebenbei noch in den Disziplinen Hellsehen, Psychologie und Trauma-Therapie zu promovieren, sonst kann er/sie einpacken oder braucht gar nicht erst auszupacken.

Die erste Viertelstunde des Probetermins ist verstrichen, bis das Styling-Genie weiß, was ungenau bei bisherigen Styling-Erlebnissen schiefgelaufen ist. Tatsache ist, oft hat einfach die Chemie nicht gestimmt. Klar können wir uns über Geschmack streiten. Dies lohnt sich aber niemals nicht.

Jetzt gibt es mehrere Möglichkeiten, um zu ermitteln, was sich die erwartungsvolle Dame denn so vorgestellt hat. Die gängigste Praxis für die Inspirationen sind die sozialen Medien! Ein Eldorado für jeden Style-Junkie. Bemerkenswert finde ich, dass bei jedem zweiten Suchlauf die gleichen Bilder präsentiert werden. Weiß vielleicht jemand von euch um die Ursache? Bei Millionen Bildern ist das doch ein denkwürdiger Zufall?! Welcher Wichtel ist denn da am Werk?

Das mit hoher Wahrscheinlichkeit zum Ziel führende Ermittlungsverfahren ist weitaus aufwendiger und obliegt den Fähigkeiten der Expert*innen. Die haben nämlich einen Kommissar-Schnüffel-Kurs mit Zertifikat abgeschlossen und nehmen Fährte auf. Will heißen: Er/sie wittert etwas oder ihr/ihm schwant was.

Jeder Kollege und jede Kollegin hat da ein eigenes Rezept.

Jauchzet und frohlocket, wenn es denn gelungen ist.

32. DO IT YOURSELF – SELBST IST DIE BRAUT

K ann ich nicht« ist die kleine Schwester von »Weiß ich nicht« und spart auf den ersten Blick Zeit und Energie. Vorsicht! Nur auf den ersten Blick.

Wer etwas nicht kann, muss sich jemanden suchen, der es kann. Die Menschen, die es können, können aber meistens nicht sofort. Dann muss man auch warten können. Frei nach dem Motto: »Herr! Gib mir Geduld. Aber schnell!«

Wenn kein Könner parat steht, ist das oft der Startschuss für die grandiose Entwicklung vieler Fähigkeiten.

»Mache es selbst und entdecke die Möglichkeiten.« Nicht umsonst triggert ein schwedischer Möbelhersteller den/die Baumeister*in in uns und hat riesig Erfolg.

Da ich der Meinung bin, dass immer ein Plan B hilfreich ist, bucht beim Profi einen »DIY« (sprich: Dieiwei)-Brautstyling-Workshop. Mit der richtigen Unterweisung, Training, Dokumentation und den passenden Produkten kann jede Braut, ich betone: **jede** lernen, sich selbst zu schminken und eventuell eine Frisur zu zaubern.

Auch für den großen Tag. Die Ergebnisse sind immer klasse, die Freude und das Staunen über die eigenen Fähigkeiten zaubern den zuerst zögernden Brides to be noch zusätzlich ein Strahlen ins Gesicht. Jetzt werdet ihr sagen: »Das wird aber nicht perfekt!« Ne, aber nah dran. Natürlich macht auch hier Übung den Meister. Oft scheitern Schminkversuche an den gleichen Fehlern, die zwar minimal sind, aber wie so üblich im Leben größere Folgen haben.

Solche Fehler sind erstens vermeidbar und zweitens leicht zu korrigieren. Deshalb klappt auch Schminken nach Tutorials nur bedingt. Niemand bemerkt die falsche Pinselhaltung, den Winkel und die Menge des aufgenommenen Produktes. Dass der Pinsel und das Produkt für euch nicht geeignet sein könnten, merkt auch keiner. Wenn ich danebenstehe, mache ich es nicht nur dreimal vor, sondern verankere die Information der Bewegungen mit meistens skurrilen Sätzen (die sind aber einprägsam). Mit Lachen lernt es sich viel leichter. Nun schlägt die Stunde für die auserwählte Begleiterin für die Frisur. Es ist kein Hexenwerk. Schließlich kann sich die mitgebrachte Freundin voll und ganz auf nur einen Style konzentrieren. Ihr habt doch diese Freundin auch im Portfolio, die schon immer ein Händchen für Haare hatte? Es gibt viele Tricks, die unglaublich wirkungsvoll im Endergebnis glänzen, praktisch aber mehr als simpel sind.

Ihr entscheidet dann am großen Tag selber, frei nach Bauchgefühl, wie viel Farbe ihr am Hochzeitsmorgen auflegen möchtet, und wenn der Brautflow euch erwischt hat, läuft es von alleine.

So seid ihr, sprichwörtlich, aus dem Schneider und habt eine Sorge weniger. Im Übrigen profitiert jede Frau von den frisch erworbenen Schmink- und Styling-Kenntnissen, und gut auszusehen macht zu jeder Tages- und Jahreszeit Spaß.

Traut euch! Den Mutigen gehört die Welt.

33. BRAUTPROBE-TERMIN FÜR MAKE-UP UND HAARE?

J a, nein oder jein?
Stellt ihr euch gerade diese Frage? Oder müsst sie euch demnächst stellen?

Ich frage meine Kundinnen einfach, ob sie meine Pro- und Kontra-Argumente hören möchten. Sie möchten immer. Aber lest bitte selbst.

Kontra, also gegen eine Probe, sprechen folgende Aspekte:
- ✓ Es bleibt spannend bis zum Schluss. Überraschung inklusive. Gut geeignet für abenteuerlustige Bräute.
- ✓ Ein Termin weniger bei den vielen stressigen Vorbereitungen.
- ✓ Es kostet weniger. Nur Nerven und eventuell schlaflose Nächte.
- ✓ Es gibt keine beleidigten Freundinnen, Mütter, Schwiegermütter oder Schwestern, weil sie nicht zur Probe mitkommen dürfen.
- ✓ Ihr müsst im Vorfeld keine wichtigen Entscheidungen treffen, was Frisur und Make-up angeht.
- ✓ Wie? Der/die Stylist*in könnte eine Pissnelke/Pissnelkerich sein? Hm, da müsst ihr dann durch. Dies kommt

tatsächlich eher selten vor. Fast alle meine Kolleg*innen sind ausgesprochene Netties.

Pro Brautprobe:
- ✓ Die Vorfreude steigt, ihr könnt auch besser schlafen, weil ihr sicher seid, wie grandios ihr als Braut aussehen werdet.
- ✓ Nach zwei Stunden vor dem Make-up-Spiegel werdet ihr über euch selbst staunen. Es ergeben sich ungeahnte Chancen und Möglichkeiten ... nach einer kleinen Eingewöhnungszeit. Schade, wenn ihr die verpassen würdet.
- ✓ Tragt das Make-up und die Frisur im Anschluss den restlichen Tag zur Probe. Hält alles? Sonst ist eine ehrliche Rücksprache sinnvoll und ein Muss.
- ✓ Ein Probestyling ist ein Event zum Genießen und Freuen. Ist das nicht so gewesen? Dann neues Spiel und toi, toi, toi, neues Glück. Macht bitte den Probetermin früh genug, sonst habt ihr kaum noch Chancen auszuweichen, wenn es euch nicht gefällt.
- ✓ Es gibt keine bösen Überraschungen, weil das gewünschte Styling überhaupt nicht umsetzbar ist. Geht nicht gibt es zwar nicht, ist aber oft heikel oder braucht Vorlauf.
- ✓ Es ist tatsächlich immer möglich, noch toller als in den eigenen Vorstellungen auszusehen. Das ist aber ein Entwicklungsprozess, für den ihr an eurem schönsten Tag bestimmt keine Nerven habt (die Profis im Übrigen auch nicht).

Ich war so frei und habe auch die Meinungen meiner Kundinnen hier zusammengefasst. In der Hoffnung, dass sie euch bei einer wichtigen Entscheidung helfen.

34. DARF DER BRÄUTIGAM BEIM PROBE-STYLING DABEI SEIN?

Komische Frage? Ja, komische Fragen sind meine Spezialität.

Ich habe drei Brides to be seit diesen ersten Zeilen zu diesem Thema interviewt und mild verwunderte Blicke kassiert. So in der Art »Wärter, abführen und einsperren«. Ein Bräutigam to be hat sich doch tatsächlich blitzschnell aus dem Staub gemacht.

Mir ist tatsächlich erst jetzt bewusst aufgefallen, wie skeptisch ich samt Gepäck am Tatort beäugt werde. Da kann ich noch so beruhigend lächeln. (Mein Zahnarzt versucht das auch. Es schürt meine Panik so richtig.) Die Männer können sich noch so viel Mühe geben! Ich merke es deutlich! Die Zombie Apokalypse wäre ihnen in diesem Moment angenehmer. Weil!? Da weiß mann, was auf ihn zukommt.

Apropos Gepäck! Es ist kein Wunder, dass die Männer skeptisch sind. Wenn ich auspacke, sage ich automatisch zur künftigen Braut: »Nicht erschrecken! Das ist nicht alles für dich, aber ich brauche ein bisschen (30 Kilo!!!) Auswahl.« Da sind die Männer aber schon im Baumarkt oder klettern lieber steile Wände hoch. Hm, vielleicht würden mir Lockenstab und Stielkamm zu Hause mehr Respekt verschaffen? So in der Art »Achtung, Mama kommt ... Sie wird ihr Glätteisen wie ein Laserschwert schwingen, wenn wir nicht sofort unser Chaos beseitigen«. (Träumen ist nicht verboten.)

Also, wenn ich der Mann wäre, würde ich mit dem Schießgewehr danebensitzen und peinlich darauf achten, dass meiner Auserwählten kein Leid geschieht. Angesichts der unzähligen Werkzeuge und spitzen Gegenstände, die da auf dem Tisch liegen.

Tatsächlich empfinde ich die Anwesenheit (nicht permanent) der Männer als Gewinn. Ja, ha! Männer haben Augen, und sie benutzen sie auch. Sie haben auch eine Meinung. Da meine Make-ups nie verfremden, sondern dezent unterstützen, ist das anschließende Ah und Oh ein einmaliges Erlebnis für alle Parteien. Die zukünftige Braut ist nun sicher und weiß, wie bezaubernd sie aussehen wird, und der künftige Bräutigam hat später keine Probleme, seine Herzensdame am Altar wiederzufinden.

Ich weiß vom Hörensagen, ausschließlich vom Hörensagen, dass es auch anders laufen kann.

Zurück zur Probe.

Na gut, nun gebe ich, wenn auch widerstrebend, zu, dass meine Zauberei mit Pinsel und Glitzerstaub eventuell desillusionierend sein könnte. Vielleicht sollte mann nicht unbedingt Augenzeuge der Beautification werden?? Meine Oma pflegte immer zu sagen:

»Männer dürfen alles essen, aber nicht alles wissen!«

Ich bin zwar mit meinen Überlegungen immer noch nicht weiter, aber hoch lebe die Tatsache, dass alle von mir interviewten zukünftigen Ehemänner ihre Liebste auch in Sack und Asche heiraten würden. Es muss Liebe sein ... und die Liebe gewinnt! Immer! Sag ich doch.

So, und nun bin ich gespannt. Was meint ihr? Probe mit oder ohne Bräutigam to be?

35. KNÖDEL & CO

Herrlich und zum Haare-Raufen. Wunderliche Aussagen, wenn es um die Definition der gewünschten bräutlichen Frisur geht.

O-Töne aus dem prallen Leben.

Die Braut in spe wünscht sich:

Also, die Haare sollen schon hoch!

- Aber nicht alle!

- Mittelhoch ... vielleicht und nicht ganz so streng, aber auch nicht ganz so unordentlich!

- Eventuell mehr so halb offen und so halb zu!

- Auf keinen Fall ins Gesicht, na halt so einen Knödel, so ein bisschen zerzaust!

AHA!

Der Profi rauft sich ein bisschen die Haare, die eigenen, und schindet Zeit. Was möchte sie denn nun?

Das heißt übersetzt im ersten Fall: ein Chignon, Dutt oder Bun.

Mit Halfway Updo ist die zweite Variante gemeint. Mir ist kein deutscher Begriff bekannt. Ärgerlich.

Messy-Bun wird die lässige und leicht zerzauste Variation gerufen, und die letzten zwei beiden weiß ich auch nicht zu benennen.

Persönlich bin ich so frei und taufe sie »All-in«! Geben Sie mir jede Möglichkeit, einen Straight-Flush oder ein Full-House zu landen.

Nun kann niemand von einer Kundin erwarten, dass sie die komischen Begriffe aus der Styling-Welt kennt, und es wird das Smart-Phone gezückt.

Auf dem Schirm erscheint das übliche Bild aus den sozialen Medien, dessen Kreateur*in ich immer noch verfluche. Die nächste Viertelstunde versuche ich der Kundin möglichst schonend zu erklären, dass bei diesem Bild viele Extensions, Fotto-Floppund der Aufnahmewinkel eine tragende Rolle gespielt haben. Unwesentlich zu erwähnen, dass die abgebildeten Haare an Volumen keinerlei Übereinstimmung mit dem Haupthaar der Kundin aufweisen.

Sicher bin ich mir ebenfalls, die abgebildete Frisur hat ganz knapp das Shooting überstanden. Also keine Option.

Was ist denn nun die Option? Sprecht die magischen Worte: »Was würde zu mir, meiner Feier und meinem Kleid passen?« Lasst euch überraschen!

Ist doch letztendlich egal, wie der Knödel nun heißt. **Knödel** eben!

36. KISS ME ...

Aber ohne Lippenstift! Kein Mann möchte nach einem innigen Kuss mit seiner Liebsten aussehen wie ein Clown. Verständlich.

Beim Probetermin für Make-up kommt er unweigerlich, der heikle Moment, wenn es um die Wahl des Lippenstiftes geht.

Obwohl laut Statistik der Lippenstift zu den meistgekauften Beauty-Utensilien von Frauen gehört und diese im Schnitt pro Kopf drei Stück besitzen. Bei einer Hochzeit ticken die Uhren jedoch anders.

Die Fakten. Weder das Kleid, die Verwandtschaft noch der Gatte in spe möchten mit roten Flecken verziert werden, wenn die Braut auf Tuchfühlung geht.

Aber:

Euer bräutliches Gewand ist eine große bis größere helle Fläche, welche Farbe wie ein schwarzes Loch absorbiert. Das ist tatsächlich Physik, ich habe es mir nicht ausgedacht. Die helle Fläche verhält sich optisch wie ein Vampir und saugt euch ohne Gegenmaßnahmen bis zur völligen Blutleere aus. Wie immer bin ich üüüüberhaupt nicht dramatisch.

Ohne entsprechendes und sehr gekonntes Make-up könnt ihr gleich beim Casting für die hoffentliche Fortsetzung »Bis zum Butterbrot« mitmachen. Seid ihr eigentlich Team Edward oder Jakob?

Ich bitte die Brides to be immer darum, dass sie in einem hellen Oberteil in der ungefähren Farbe ihres Kleides zum Probetermin kommen. Warum? Dann seht ihr deutlich, was ich meine, und könnt euch davon überzeugen, wie wichtig Farbe auf den Lippen ist.

Jedes Gesicht, nicht nur das der Braut, kann vom Farb-Vampirismus betroffen sein. Auch für die Herren ist dies ungemein wichtig und gilt auch für das helle Hemd des Bräutigams. Es muss kein Weiß sein. Kauft das Oberhemd aber erst, wenn ihr eine aussagefähige Stoff- oder Farbprobe des Brautkleides vorlegen könnt.

Zurück zur Braut.

Die Braut hätte am liebsten und meistens keinen Lippenstift und die Profis sind damit meistens nie nicht einverstanden.

Was tun?

Kussecht, Long-Lasting oder 24 H sollte auf dem farbigen Stift stehen. Unbedingt. Sie halten, was sie versprechen. Bei der Farbwahl könnte die farbige Zusammensetzung eures Brautstraußes eine Anlehnung geben. Oh? Ihr habt Weiß/Creme gewählt? Heller Strauß auf hellem Grund? Bitte sucht umgehend den Floristen/die Floristin eures

Vertrauens auf und besprecht das nochmal. Einige Farb-
tupfer aus dem Brautstrauß lockern sehr schön auf. Sofern
ihr keine French-Manicure tragt, sollte euer Nagellack auf
Lippenstift und Blumen abgestimmt sein.

Der Styling-Profi eures Vertrauens wird die richtige Lippen-
farbe für euch auswählen. Gebt eurem Look ein bisschen
Zeit, er möchte sich erst voll entfalten, und ihr könnt euch
in dieser Zeit daran gewöhnen. 10 bis 20 Minuten reichen
meistens.

37. SPIEGLEIN ... SPIEGLEIN

Sag mir geschwind, wo ich was zum Meckern find!«

Kennt ihr das? Nach dem morgendlichen Blick in den Spiegel der anschließende Seufzer:

»Ich kenn dich zwar nicht, aber ich wasch dich trotzdem!!«

Besonders wir Frauen werden nicht müde, auf unsere Unzulänglichkeiten hinzuweisen. Männer machen das nicht. Das lasse ich mal so stehen.

Oder kennt ihr einen Mann, der eine Miederhose oder ein Hängerchen trägt?

Nach vielen Jahren intensiver Zusammenarbeit mit Frauen aus allen Bereichen des Lebens komme ich zu folgendem Fazit: Es liegt eindeutig an den Hormonen. Kein Zweifel. Klar, Hormone steuern unser ganzes Leben, ohne Hormone läuft nix, null, nada, niente. Das heißt im Klartext:

Wir können nichts dafür, dass wir ewig an uns rummeckern müssen. Es ist uns in die Wiege gelegt.

Von zehn Frauen, die ich style:

- Finden neun ihre Haare zu dick, dünn, lockig oder zu glatt. Diagnose: normaler Zustand, eindeutig eine Frau.

- Sieben Frauen glauben felsenfest, sie sind zu dick, haben Rettungsringe um die Hüften oder Schwabbelarme. Anmerkung der Autorin: Meistens wird in Größe 42 gejammert.

- Mindestens sechs grämen sich wegen Falten oder übergroßer Poren. Nachdem ich diesen Damen die 5-fach-Vergrößerung weggenommen habe, sieht die Welt schon etwas besser aus. Dazu sage ich:

Wir haben keine Falten, sondern Mimik.

Vor einigen Tagen erlebte ich folgende Situation. Tatort: Wohnzimmer der Braut. Der Trauzeuge betritt die Szene, Trommelwirbel ... und bewundert die gestylte Braut. Die Braut fühlt sich veräppelt und schmollt. Der Trauzeuge ist konsterniert und schmollt ebenfalls:

»Boah. Euch Frauen kann mann es nicht recht machen!!« Wo er recht hat, hat er recht.

Daraufhin habe ich die Braut aufgefordert (spitzer Stielkamm im Rücken), sich schleunigst beim Trauzeugen zu entschuldigen. Friede sei. Geht doch, nur nicht immer gewaltlos.

Also Ladys! Experten sagen, die sozialen Medien mit all ihren Filtern sind schuld. Wer ungefiltert in den Spiegel schaut, muss sich ja erschrecken. Ich sage, es sind die Hormone. Die Zweifel-Hormone. Östrogene.

Die gute Nachricht ist: Je reifer wir werden, desto besser können wir unseren Ist-Zustand genießen.

Ihr seid jung und habt die Chance, euch schon jetzt klasse zu finden.

Zwecks Straffung der Silhouette kann ich regelmäßige Besuche im Gym empfehlen.

38. WER SCHÖN SEIN WILL, MUSS LEIDEN?

Dieser blöde und viel zitierte Spruch rangiert in meiner »Shit«-Liste ganz oben.

Wo kommt der bloß her?

Konfusionisos? Evangelium nach Heidi? Schlimms Märchen?

Kommt wahre Schönheit nicht von innen? Sieht man nicht sowieso nur mit dem Herzen gut?

In der Beauty-Branche wird er jedenfalls gerne genommen, dieser dämliche Spruch. Immer wenn die Kundin nach Luft schnappt oder zusammenzuckt.

Vor einer gefühlten Ewigkeit hatte ich eine Standesbeamtin unter meinen Fittichen. Ja, auch Standesbeamtinnen heiraten. Obacht, dass sie sich im Standesamt nicht auf die falsche Seite setzt. Natürlich hat sie es getan.

Diese quasi Profi-Braut erzählte mir bei ihrer eigenen Brautprobe, dass sie am Gesicht der Braut erkennen kann, wenn die Frisur in die Kategorie Folter-Style fällt oder das Kleid zu eng ist. Sie war absolut glaubwürdig, denn sie hat den lieben langen Tag nix anderes gemacht, als Paare standesgemäß zu verheiraten und zu beobachten.

So manche Braut quetscht sich trotz vorgeschlagener figurfreundlicher A-Linie in eine Korsage. Versehentlich habe ich mal zu einer Braut gesagt: »Halt, ich muss dich noch nachgurten!« Für alle Nicht-Reiter. Diese Tätigkeit hat was mit Sattel und dem Sattelgurt zu tun. Es gibt Pferde, die beißen beim Nachgurten. Gottlob hat mich noch nie eine Braut gebissen, aber selbst wenn, verdient hätte ich es. Ich gebe zu, die Haltung wird in einer Korsage automatisch wahrhaft königlich. Die Taille atemberaubend betont. Hat Helene F. eventuell mit ihrem Ohrwurm ein erlittenes Trauma vertont? Das Kleid ist im wahrsten Sinne des Wortes »atemberaubend?« Wird Atmen überbewertet? Wo bleibt noch Platz für das liebevoll ausgesuchte Hochzeitsmenü?

Über die Brautschuhe sprechen wir erst gar nicht. Völlig egal, dass die Kunstwerke, die einen Mittelklassewagen gekostet haben, allen Blasenpflastern zum Trotz jede einzelne Faser des bräutlichen Fußes quälen. Ladys, gönnt sie euch! Lasst sie schön fotografieren … und schlüpft in pantoffelbequeme Fußbekleidung. Unter eurem Kleid sieht sie sowieso kein Mensch. Tief in eurem Herzen sind sie da, die Schuhe des Jahrhunderts. Ohne euch zu foltern.

Sehr straff gekämmte Haare wirken zweifellos wie ein Face-Lifting und zaubern schöne schräge Katzenaugen. Tut das was für euch? Aua! Ebenso die zu fest in die bräutlichen

Haare gerammten Haar-Klemmen. Sie machen eure Frisur nicht standhafter, sondern verderben euch den Tag.

Wusstet ihr schon, dass die gültige Regel »**Je mehr Profi, desto weniger Klemmen**« ist?

Also, liebe Brides to be, lasst euch die A-Linien wenigstens mal zeigen, und außerdem gibt es formende Wäsche (siehe Shapewear), die eure Kurven betont, ohne den »Atemlos«-Faktor.

Es reicht völlig, wenn der Mann eurer Träume Schnapp-atmung bekommt, sobald er euch sieht.

39. LOCKEN ROCKEN!

Über Locken ... gibt es viel zu sagen. Der Wunsch vieler Bräute, einfach die Haare offen und schön gelockt zu tragen, rangiert in der Kategorie »Bräutliche Wunsch-Frisuren« ganz weit oben. Sie sind der Inbegriff für Weiblichkeit. Aber. Immer dieses Aber.

Locken haben ihren eigenen Kopf. Nie und never tun sie das, was der Kopf von ihnen will. Sie sind ein fantastisches Stimmungsbarometer. Frei nach dem Motto: »Locken gut, alles gut«. Geht es dem Kopf nicht so prickelnd, hängen auch die Locken in den Seilen.

Sie präsentieren sich immer von ihrer besten Seite, wenn es gerade keinen Sinn macht. Geht es um einen fulminanten Auftritt, sagen sie nur zu gerne: »Ätsch, heute nicht!«

Eine ganze Horde kleiner Wichtel*innen ist leichter zu bändigen als ein einziger Natur-Lockenschopf. Sie können sich bezaubernd und lieblich ringeln oder wie eine Pusteblume in alle Richtungen abstehen. In Film, TV und der Literatur werden vorzugsweise wenig angepasste Freigeister mit einem prächtigen Lockenkopf beschrieben.

Sinnlich, lieblich, verführerisch, wild und ungezähmt sind die Attribute der gelockten Pracht. Fragt man ihre Köpfe, fallen weniger schmeichelhafte Worte.

Sie sind eben nicht oder nur schlecht berechenbar und machen beständig, was sie wollen. Für Locken braucht es viel Fingerspitzengefühl. Mit Gewalt lassen sie sich nicht bändigen. Wenn, dann nur für kurze Zeit. Längerfristig quittieren sie, nach Umformungsversuchen, einfach den Dienst. Sie sterben lieber, als sich zu beugen.

Eine ganze Industrie lebt von ihnen. Die Guten stellen Produkte her, um die Locke in ihrer ganzen Schönheit zu pflegen und zu hegen. Die Gegenspieler wollen ihr den Garaus machen und sie mittels diverser Foltermethoden glätten.

Fakt ist, eine Locke möchte in ihrer Struktur, in ihrem Wesen, quasi im innersten Kern verstanden werden. Sie will nicht einfach auf die Schnelle nur mit irgendeinem Shampoo gewaschen werden. Sie hasst den Föhn, und säuberlich gekämmt werden möchte sie auch nicht.

Locken in allen Variationen führen seit Jahren die Hitliste der Hochzeitsfrisuren an.

Schmunzeln muss ich immer, wenn die werdenden Bräute »nur ein paar Locken« wünschen. Angeben liegt mir fern, aber ich habe sechs verschiedene heiße Eisen im Gepäck und gefühlte zehn Tiegel und Töpfchen, um »nur ein paar Locken« zu zaubern. Fakt ist, viele Versuche haben die Locken-Bändiger*innen nicht. Es gilt, die richtige Wahl der

Styling-Tools zu treffen. Das ist mehr als tricky. Knapp daneben heißt bei Locken: »Game over.«

Locken sind wie feine Antennen. Oft habe ich festgestellt, dass ihre Träger*innen überaus sensibel und feinfühlig sind. Viele Lockenköpfe sind sehr kreative Menschen und überaus empathisch. Sie haben immer ein spannendes Projekt in der Schublade und sprühen nur so vor Ideen.

Also, bevor ihr euch das nächste Mal eure Locken rauft, denkt immer daran:

»Locken rocken. Immer und alles!« Das musste mal gesagt werden.

NACHWORT: SEI GANZ DU SELBST!

Du magst kein Make-up und legst keinen Wert auf eine bräutliche Frisur? Nein, du bist nicht komisch und auch kein Alien.

Nicht so selten sagen die Bräute: »Mein Mann liebt mich so, wie ich bin.«

Das ist wundervoll und ich wünsche euch von Herzen, dass es lange so bleibt.

Viele Bräute heiraten ohne großes Styling. Die Gründe dafür sind vielfältig.

Die schlimmste Variante ist hastiges Waschen und Kämmen nach dem »Profi«-Styling.

Ihr glaubt nicht, wie oft ich davon gehört habe. Um das zu vermeiden, habe ich alles gegeben und dem Thema Styling ein ganzes Kapitel gewidmet.

Es bleibt und ist so:

Schönheit liegt immer im Auge des Betrachters. »Liebe macht blind« ist ein gern zitierter Spruch, und ich nehme mir die Freiheit, um zu sagen: »Was und wen wir lieben, kann nur schön sein.«

Wenn ihr euch dafür entscheidet, pur und unplugged Ja zu sagen, steht dazu! Liebe und Freude kann euch sowieso kein Profi der Welt ins Gesicht zaubern.

Es kommt von innen, tief aus euch und eurem Herzen.

Es geht aber noch weiter. Jetzt kommen wir zu den Dingen, die die Braut noch braucht.

WAS DIE BRAUT NOCH BRAUCHT

40. HIER KOMMT DIE BRAUT! ABER MIT WELCHEM KOPFSCHMUCK?

Gute Frage? Definitiv! Für euch habe ich sie unter die Lupe genommen.

Vorweg: Vielfach sehen alle Varianten der bräutlichen Zierde (Blütenkranz, Tiara, Diadem, Schleier Schmuck-Kamm usw.) einzeln für sich betrachtet großartig aus. So viel wissen wir.

Ohne großes Blubb und Bla habe ich einige, vielleicht seltsam anmutende Fragen für euch zusammengestellt, die bei ehrlicher Beantwortung eure Wahl erleichtern können.

Los geht's ... Hand aufs Herz!

- Wie belastbar sind dein Kopf und deine Kopfhaut? Hört sich lächerlich an? Nein! Es kommt einiges an Gewicht zusammen, besonders bei Schleier, Tiara oder Blumenkranz. Bist du wirklich für eventuelle Kopfschmerzen bereit?

- Möchtest du den Schleier nach der Trauung ablegen? Sollte zusätzlicher Schmuck unter dem Schleier hervorblitzen? Achtung! Ist der Kamm so gearbeitet, dass die Schmuck-Elemente den Schleier nicht zerfetzen? Färben Blütenpollen euren Schleier pipigelb?

- Blumenkränze! Folgen sie dem Thema des Brautstraußes? Weiß der/die Florist*in deines Vertrauens, welche Blumen sich für floralen Kopfschmuck eignen? Ist dein Kopf bei der Besprechung vermessen worden? Wie wird er befestigt? (Nicht der Kopf! Der Kranz.) Sei ehrlich! Passt ein Blumenkranz zu deinem Kleid, Ambiente, Temperament und deinen Jahresringen?

- Sind Kunstblumen eine Alternative? Wenn sie gut und edel gearbeitet sind? Eventuell! Bestehen Zweifel? Finger weg!

- Passen die Schmucknadeln und Kämme zum Thema des Kleides? Perlen, Kristalle, Gold oder Silber? Sieht frau den Preziosen an, dass sie für wenig Geld von weit, weit weg kommen? Alarm! Stimmt das Verhältnis von Kleid, Designer-Schuhen und Accessoires? Unten hui und oben? Na ja! Geht so? Mein Tipp: Dann lieber oben ohne.

- Weiß der/die Stylist*in, dass bestimmter Haarschmuck eure Frisur oder den Schleier mit hoher Wahrscheinlichkeit zerstören wird? Konjunktiv! Das gilt im Besonderen für filigrane Haarketten mit verzweigten und verspielten Elementen. Anmerkung der Autorin: Diese wirken leider verlockend auf werdende Bräute und haben magische Anziehungskräfte. Finger weg!

- Kann der Haarschmuck sicher befestigt werden? Müsst ihr eine Person eures Vertrauens für das Einsammeln des verlorenen Schatzes abstellen?

- Seid ihr nicht selber euer schönster Schmuck? Kommt ihr und eure bräutliche Persönlichkeit überhaupt noch zur Geltung? Sind alleinig die Zutaten der Hingucker? Dann stimmt etwas nicht.

Bei Zweifeln? Fragt den Stylisten/die Stylistin eures Vertrauens! Probiert alles aus, fotografiert euch mit den verschiedenen Varianten und schlaft eine Nacht darüber.

Angemerkt sei, dass die Kunst immer im Weglassen liegt.

41. VERSCHLEIERT

D er Brautschleier. Trumpf im Ärmel der Brautkleid-Beraterin und DAS Symbol für Hochzeiten.

Gehe ich jetzt mit ... oder oben ohne? Unlängst verriet mir eine Braut, dass ihr Gatte in spe keinen Schleier wünscht. Er wollte auch im Zeichen der Gleichberechtigung mit seiner Braut gemeinsam das Kirchenschiff betreten und von der Tradition absehen, alleine am Altar zu warten. Wie bereits erwähnt, es vergeht kaum ein Tag an der Hochzeits-front, an dem ich nicht mit neuen Erkenntnissen gesegnet werde. Ich teile sie nur zu gerne mit euch.

Fakt ist: Hat die Braut ihr Kleid gefunden, die Glocke ge-läutet und die Korken knallen, treibt der herbeigezauberte Schleier Tränen in die Augen aller Anwesenden. Tränen der Rührung. Es geht auch ohne Zwiebel! Wissenschaftlich gibt es keine Erklärung dafür. Ich nenne es den »Sissi-Faktor«.

Vielleicht ... weil er das Symbol der Reinheit und Unschuld ist?

Zu einem kompletten Outfit gehört er dazu? Am D-Day wird er aber tatsächlich oft aus praktischen Gründen im Laufe des Hochzeitstages abgelegt. Früher wurde der Braut-schleier feierlich um 12 Uhr abgetanzt. (Die Autorin ist ein alter Kracher.) Macht das noch jemand? Ganz früher ging die Braut auch vollverschleiert an den Start. (So alt ist die Autorin dann doch nicht.) Ehen wurden damals oft aus wirtschaftlicher und dynastischer Sicht arrangiert. War der Schleier erst gelüftet, konnte der Bräutigam nicht mehr abhauen. Ob wir deshalb manchmal von verschleierten Tatsachen sprechen?

Nun sind Schleier, sofern sie nicht einem jahrhundertealten Familienschatz entspringen, nicht so schwer. Trotzdem zerren sie je nach Länge und Verzierung an Frisur und Kopfhaut. Habt ihr öfter Kopfweh? Dann verzichtet lieber darauf!

Gerne wird der Kopfschmuck in Auto- und Kutschentüren eingeklemmt, die Verwandtschaft verheddert sich zuweilen darin, Ziegen fressen ihn gerne, und kleine Kinder finden es äußerst spannend, nur mal gaaanz kurz daran zu ziehen. Vorsicht mit Kerzen, es reicht völlig aus, das Herz eures Liebsten zu entflammen.

Versicherungstechnisch betrachtet, sind sie ein Risikofaktor, emotional gesehen ein Tränenfaktor.

Umspielt der Schleier, womöglich mit handgeklöppelter Spitze, euer Gesicht, verleiht er euch ganz sicher einen besonderen Look, ähnlich einem Heiligenschein. Taschentücher raus.

Er wird entweder über der Brautfrisur befestigt oder unter den in diesem Fall bräutlichen Haarknoten gesteckt. Die letztere Variante ist tückisch, weil sie nicht ohne weiteres entfernt werden kann. Wenn Onkel Heini erst mal drauf-steht ... Aua.

Augen auf beim Schleierkauf! Weiß ist nicht gleich Weiß – ob die Farbe richtig ist oder nicht ...

verrät uns nur das Tageslicht. Ha, das reimt sich. Schon wieder.

Zu guter Letzt: Tüll ist nicht gleich Tüll. Es gibt ihn steif, standhaft und soft fließend. Probiert es einfach aus. Sicher-heitshinweis!

Achtung! Gebügelt wird er nur auf niedriger Temperatur unter einem Tuch.

Sonst ist der Schleier Geschichte und ihr müsst euch keinen Kopf mehr darum machen.

42. SHAPEWEAR

D ie Rede ist von leberwurstfarbener Unterwäsche mit extrem hohen Gummi-Anteilen, die unsere Anatomie gleichmäßig an die richtigen Stellen verteilt, besser gesagt, quetscht.

Die Miederhose war gestern. Heute heißt es Shapewear, und die Farbe Leberwurst nennt sich Nude, sprich »nju:d«, was so viel heißt wie »nackt«.

Ein paar Fakten. Die (angeblich) perfekte Köperform bei Frauen gleicht in der Silhouette einer Sanduhr. In der Mitte gaaanz schmal, oben und unten gleich breit.

Wer sich das ausgedacht hat? Ehrlich, ich habe keine Ahnung! Auf diesem Planeten gilt das schon seit längerem als chic. Die Vorläufer der Shapewear waren Korsette, die so eng geschnürt wurden, dass den Damen des Öfteren die Puste wegblieb und ihnen bei der kleinsten Aufregung die Lampen ausgingen. Das erklärt auch die Daseinsberechtigung der Zofen, alleine war diese Folter nicht zu bewerkstelligen. Auch die guten alten Bettpfosten waren hierzu nützlich. Frau musste sich während der Schnür-Prozedur ja festklammern. Wenn die Zofe sauer war, hat sie sich auf perfide Art gerächt und ein bisschen fester gezogen. Aua!

Zurück ins Heute. Die Autorin fragt sich gerade, warum es kaum Figur-Former für Männer gibt. Ist das männliche Gegenstück zur Sanduhr die Boje?

Also, ein tolles Kleid, das figurbetont geschnitten ist, kommt ohne Mieder-Waren zu 80 % optisch ins Schleudern. Her mit dem Ding!

Es gibt zwei Möglichkeiten:

Mindestens 20 Modelle im Internet bestellen, einen Tag freimachen und anprobieren. Hier empfehle ich präventiv gleich im Anschluss einen Termin bei der Physio-Therapie. Hat frau es nämlich geschafft, sich in die Wunder-Wäsche zu quetschen, muss sie auch wieder heraus. Irgendwann.

Merke, der Notruf 112 ist tabu!

Möglichkeit 2: das Fachgeschäft für Wäsche und Miederwaren. Wenn ihr eines kennt, lasst es mich bitte umgehend wissen … ich suche schon länger.

Leider ist der optische Effekt grandios, zaubert gute Shapewear doch optisch deutlich weniger Volumen und verteilt dieses an die gewünschten Stellen. Im besten Fall beträgt die Differenz eine Konfektionsgröße.

Laut Statistik kaufen die meisten Frauen mit Konfektionsgröße 34/36 die Wunderwäsche.

Hierzu möchte die Autorin keinen Kommentar abgeben. Ausnahmsweise.

43. DIE
HÄNDE-TÄSCH

War es vor Jahrzehnten noch üblich, dass ein tabakbeutelähnliches Stoff-Dings am Handgelenk der Braut baumelte, geht der Trend heutzutage eindeutig in die täschchenfreie Richtung. Oder nicht?

Es gibt Frauen, die führen in ihrer Handtasche ein regelrechtes Überlebens-Equipment mit sich. Sicher ist sicher. Es gibt aber auch Damen, die haben eine EC-Karte im String versteckt und ab die Post.

Die Erstgenannten fühlen sich sicher, ganz sicher, viel sicherer, wenn sie auf Nummer sicher gehen und eine bräutliche Tasche mit allem füllen, was frau am schönsten Tag so braucht. Gut aufgehoben ist diese Tasche (oder Koffer?) bei der Trauzeugin oder der feierlich ernannten Taschen-Beauftragten.

Die handelsüblichen Täschchen für die Braut sind selten größer als eine Butterbrot-Dose, und hinein passt nicht allzu viel.

Apropos Butterbrot: Viele Brides to be sind am Hochzeitsmorgen so aufgeregt, dass sie nichts essen können. Sofern sie nicht von den Stylist*innen genötigt werden. Ich greife da auch zu erpresserischen Maßnahmen: »Entweder du isst jetzt oder …!« Der Magen knurrt just, dass sie im bräutlichen Gefährt Platz genommen haben. Bis zum Empfang dauert es dann leider noch etwas. Packt euch einen Snack ein. Von Mettbrötchen, Müsli-Riegeln oder Palmöl-Schokobrötchen ist Abstand zu nehmen. Meine Kollegin Angelina greift bei Futter-Verweigerern gerne zum verbalen K.o.-Argument: »Wenn du umkippst, schneiden die Sanitäter*innen dein Kleid auf!!!!«

Hui, das funzt. Her mit der Stulle!

Zurück zur Tasche: Ich bin sicher, dass es Expert*innen gibt, die aufgrund des Handtaschen-Inhalts ein komplettes Persönlichkeitsprofil erstellen können. Dazu später gerne mehr.

Die Braut-Handtasche ist aber eher ein modisches Accessoire, das entweder perfekt zum Schmuck, zur Jacke oder zu den Schuhen passt.

Außerdem kann frau sich prima daran festhalten. Die allermeisten Brautkleider haben nämlich leider keine Taschen, in denen frau kurz ihre Hände lässig verschwinden lassen kann. Guido sagt: »Eine hübsche Klatsch geht immer!« Diese elegant unter den Arm geklemmt, den Brautstrauß in der linken und den Traummann an der rechten Hand. Ja, das passt und sieht sehr stimmig aus.

Da die Kunst im Weglassen liegt und der Bräutigam ein Must-have ist, könnt ihr euch immer noch entscheiden:

»Braut-Strauß oder Hände-Täsch weg!?«

Schwups, da wären wir schon bei der nächsten Story.

44. WURF-
GESCHOSS ODER
ORAKEL?

Es gehört zur gelebten Tradition: Zu fortgeschrittener Stunde der Hochzeitsfeier wirft die Braut ihren Brautstrauß in die ungefähre Richtung versammelter und möglichst unverheirateter Frauen. Wer nicht schnell genug abtaucht oder die Kurve kratzt, läuft Gefahr, das blumige Bouquet entweder an den Kopf zu kriegen oder zuzuschauen, wie es, Gott sei Dank, knapp daneben, auf dem Boden, landet.

Dieser Wurf ist das große Orakel und besagt der Fängerin, dass dieselbige sich auf eine zeitnahe Hochzeit freuen darf. Ups! Tante Trude hat ihn geschnappt. Welche Freude, so kurz vor ihrem 95. Geburtstag.

Leute, wenn ihr schon orakelt, dann richtig. Eine präzise Aussage über die Zukunft, das weiß jedes Kind, wird so nicht funktionieren. »Einmal mit Profis«, pflegt mein Mann immer zu sagen, wenn er mit halbherzigen und stümperhaften Aktionen konfrontiert wird.

Kaffeesatz, Tarot-Karten oder Runen, um nur drei Möglichkeiten aufzuzeigen, arbeiten auf diesem Gebiet deutlich präziser. Es müssen keine Blumen dafür sterben.

Na gut, Floristen wollen auch leben, da habt ihr Recht. Schließlich lässt die Braut im Durchschnitt drei Brautsträuße fertigen. Einen zur seligen, persönlichen Erinnerung, einen für das Grab geliebter verstorbener Menschen und den Orakel-Strauß. Vom Blumenschmuck der Kirche und der Location mal abgesehen.

Ich gebe ja gerne zu, dass ein*e fähige*r Hell-Seher*in nicht so billig ist und weit mehr kostet als ein Blumenstrauß. Ihr spart da aber an der falschen Stelle. Wollt ihr ein Orakel, wer die Nächste in der Runde ist, oder nicht?

In vielen Kapiteln meines Ratgebers habe ich deutlich, durch die Blume, dringlichst davon abgeraten, Semi-Professionelle oder Amateure an den Start zu schicken. Das bringt euch nicht weiter. Ich weiß, wovon ich hier rede.

Vor sehr vielen Jahren habe ich selber eine Wahrsagerin aufgesucht. Ich wollte damals gerne wissen, ob ich meinen sehr gut bezahlten, aber zu arbeitsintensiven Job so einfach schmeißen kann und darf. Weil ich zu feige war, eine Entscheidung zu treffen, musste der Profi ran.

Sie erzählte mir eine ganze Reihe unglaublicher Dinge (die allesamt zutrafen) und kam einfach nicht zu Potte. Nachdem ich genug von meiner Zukunft als verheiratete Mutter (OMG) im Grünen in einem Haus mit vielen Fenstern gehört hatte (lachhaft, wir Workaholics wohnten in der Düsseldorfer City und waren mit Parkplatz-Suchen dauerbeschäftigt), stellte ich die Frage der Fragen:

»Soll ich, oder soll ich nicht??«

Sie hat den Kaffeesatz betrachtet und geknurrt:

»Nä! Nicht guttt! Wennn du sälberr kündigst, kriegste kein Arbeitslosengeld!«

So geht das. Kurz, knapp und präzise.

Ohne dass Blumen dafür sterben müssen.

45. DIE BRÄUTLICHE BRILLE

Heute mal ein paar Gedanken zum Thema »Brille und Braut-Make-up«.

Letzten Samstag schminkte ich zwei entzückende Bräute. Tatsächlich beide Brillenträgerinnen. Das kommt dank Laser oder Kontaktlinsen nicht so häufig vor.

Ich bin selber gebürtig kurzsichtig. Gelasert und jetzt altersbedingt weitsichtig. Also wieder mit Brille oder besser mit fünf Brillen. Sie pflasterten meinen Weg, ich kann mitreden, denn ich weiß, wovon ich spreche.

Ach ja. Die Braut und ihre Brille.

Bei der Make-up-Probe steht sie immer im Raum, die Frage: »Mit oder ohne?«

Da die Brides to be schon gerne was von ihrer Hochzeit sehen würden, entscheidet sich die Mehrheit vernünftigerweise »pro« Brille.

Weil die Brille zu euch gehört! Ausrufezeichen. So einfach ist das! Frauen mit Brille gelten außerdem automatisch als intelligenter, und sie trägt zu Recht den Titel »Accessoire«. Das sind die knallharten Fakten.

Allerdings sollte sie dann auch als solches berücksichtigt werden. Nicht nur das Augen-Make-up wird an Fehlsichtigkeit und Dioptrien angepasst. Nein, auch zu Haarschmuck, Brautschmuck, Kleid und Frisur muss die Sehhilfe optisch passen. Sonst droht der Beauty-Overload.

Für das Fotoshooting muss die Brille blitzi-blanko (und am besten entspiegelt) sein.

Kurzsichtige sehen ohne Brille entzückend verträumt, sehr romantisch und megaverliebt aus. Spielt den Vorteil aus, bei den Bildern ohne Brille! Wenn ihr euch mit Brille ablichten lasst, schluckt praktischerweise die Fotograf*innen-Kamera genau die Dosis mehr an Make-up, welche die Profis aufgetragen haben, um den Verkleinerungsprozess der Gläser auszugleichen. Bingo.

Bei Weitsichtigen ist Vorsicht geboten. Die Gläser vergrößern die Augen. Das ist die gute Nachricht!! Der Mensch ist aufs Kindchen-Schema programmiert, und das sagt: »Große Augen sind toll« Wieder Bingo.

Aber auch Schatten, Mimik-Linien (Falten haben wir alle nicht), Tränensäckchen oder Rötungen werden sichtbarer. Das kaschiert der/die Visagist*in dann geschickt, und ein Shooting mit Brille ist somit kein Problem.

War das hilfreich? Sonst könnt ihr mich gerne immer fragen.

Behaltet bitte den Durch- und Überblick.

46. DAS PARFUM – ODER DUFTIGE TIPPS FÜR BRÄUTE

Wenn Duft die intensivste Form der Erinnerung ist, so sprach ein sehr bekannter Parfümeur, wird es jetzt höchste Zeit, diese Erinnerung sorgfältig vorzubereiten.

Ihr kennt das Gefühl bestimmt. Es riecht nach frischem Apfelkuchen, einer just gemähten Wiese oder dem Rauch eines Lagerfeuers. Kopf-Kino an: Prompt sind sie da.

Die Erinnerungen an längst vergangene Zeiten.

Quasi eine Zeitreise, schwupp, ist man fünf Jahre alt und steht in Omas Küche. Wie von Zauberhand und ganz ohne Hokuspokus.

Ich kaufe mir immer zu Beginn einer Urlaubsreise einen schönen Duft, welchen ich dann in dieser Zeit benutze, und so habe ich etliche Dufttickets zu wundervollen Orten. Meine Geheimwaffe für triste Zeiten und miese Stimmung. So, also, eure Hochzeit steht an. Dann wird es Zeit, den Duft zu erwählen, der euch ewig (solange er produziert wird) an euren schönsten Tag erinnern wird.

Bitte probiert nicht mehr als zwei Düfte auf der Haut aus, sonst gibt's Duftsalat. Linkes Handgelenk, rechtes Handgelenk und Schluss. Dann spaziert ihr mindestens eine Stunde, vorzugsweise an der frischen Luft. Warum? Nun ja, die Düfte aus eventuell vorhandenen Imbiss- und Gastro-Betrieben könnten eure Wahrnehmung merklich verfälschen. Im Übrigen bin ich immer noch auf der Suche nach einem Duft, der frisch gebackene Pizza und saubere Wäsche trefflich vereint.

In dieser Zeit wird sich ein gut komponierter Duft langsam entfalten und nach und nach sein duftendes Innerstes, also sein Herz sozusagen, offenbaren. Wenn ihr Glück habt, entfaltet sich gerade euer neuer Lieblingsduft.

Dieses Parfum tragt ihr dann zur Kleiderprobe, beim Probe-styling, beim Probe-Essen und zum großen Finale, eurer Hochzeit.

Dann wird es erst einmal weggepackt, denn für die Flitter-wochen gibt es ja einen neuen Traum-Flitterwochen-Duft.

Sollte der Rausch der großen Emotionen im Alltag irgend-wann flüchten, greift ihr zur Flasche (nein, nicht der in der Bar) und schwups, ist euer Kopf- und Herz-Kino wieder on.

Ja, und in der ersten Ehekrise ... könnt ihr dann zaubern.

Abrakadabra, hex, hex!! Dann könnt ihr eurem Liebsten selig lächelnd, wohlduftend und superelegant das Nudelholz überreichen und fragen: »Schatzi, was kochst du uns denn heute Schönes?«

Liebe geht bekanntlich auch über (oder war es durch?) den Magen. Sagt man doch so, oder?

Ich wünsche euch ganz viel Spaß dabei. Es funktioniert bestimmt.

47. BRAUTSCHUHE ... RUCKEDIGU ... KEIN BLUT IST IM SCHUH

Hier spalten sich die Vorlieben in wenigstens zwei Lager.

Hoch im Kurs in deutschen Landen stehen aktuell Sneaker. Nun dauert so ein Hochzeitsfest ja gerne mal zwischen acht und sechzehn Stunden mit der Option ... Ende offen.

Da braucht die Braut schon ein gutes Schuhwerk.

Sneaker? Gerne die ganz flachen aus Stoff, genau die, die mit dem Stern, die es schon seit vierzig Jahren gibt. Es gibt sie so hübsch verziert und personalisiert. Ich gebe zu, ich mag Stilbrüche auch. Sehr sogar. Und warum sollen unter einem tollen Designer-Brautkleid keine Gummikappen hervorblitzen?

Vielleicht weil die Braut wirklich eine Könnerin sein muss, um nicht wie ein geschnabeltes Tier zu watscheln? Ausnahme: die Ballerina! Sie beherrscht den grazilen Gang auch mit ganz flachen Sohlen. Allerdings trägt die Ballerina dazu ein kurzes Tüll-Tutu und hebt dabei grazil die Knie an. Versucht das bitte mal mit einem langen Ta-Tüll-Tatata.

Tatütata macht übrigens auch der Krankenwagen, welcher euch nach diesem Versuch flugs in die Klinik fährt.

Ihr meint, ich wäre eine Spaßbremse? Na, dann lest gerne weiter.

Dann gibt es die Fraktion »Je höher ... je lieber«.

Zwölf Zentimeter machen diesen Damen keine Angst. Den Orthopäden schon, aber die schweigen jetzt mal bitte still. Die Zwölf-Zentimeter-Stilettos sind auch wirklich eine Augenweide, und alle freuen sich, wenn sie so schöne Schuhe sehen ... und sie nicht selber anziehen müssen. Mein Tipp: Zieht sie für die Fotos an, gerne beim »First Look«. Das ist der Moment, wenn der Bräutigam seine Braut zum ersten Mal in voller Montur erblicken darf. Üblicherweise werden diese Bilder vor dem offiziellen Teil der Hochzeit geschossen, weil die Emotionen so echt und unverfälscht sind. Vorsicht, Stufe oder Kopfstein-Pflaster. Sonst macht es wieder Tatütata. Ihr wisst schon!

Wenn es gut läuft, habt ihr wenigstens tolle Fotos ... hoffentlich auch von den Schuhen.

So, da ich jetzt genug übertrieben habe, folgt nun der praktische Teil.

Zwei Paar Schuhe braucht die Braut. Peng. Das erste gerne höher, um dann mit dem zweiten Paar einen Gang runterzuschalten. Ein kleiner Absatz tut etwas für euch und euren Gang. Wenn das erste Paar Schuhe geschlossen ist, vielleicht kleine Pumps, freuen sich eure Füße spät am Abend über eine luftige Sandalette. In dieser haben auch geschwollene Füßchen noch Platz. In den Pumps sind Nylons klasse, die verhindern Druck und Schürfstellen. In der Sandalette haben die Nylons dann nix mehr zu suchen. Ausnahmen sind Nylons mit Zehenfreiheit. Vergesst nie, schmerzende Füße und ein seliges Lächeln schließen sich komplett aus. Was ist euch lieber?

Kleiner Reminder: Termin bei der Pediküre vereinbaren!

Die Schneiderin eures Vertrauens wird den Kleidersaum bei der letzten Steck-Anprobe so kürzen, dass es zu beiden Schuhen passt.

48. DER BOLERO ...

... ist unsterblich. Nicht nur als Musikstück, sondern ebenfalls als kurzes, eher steifes Jäckchen, ähnlich der Oberbekleidung, die ein Torero in der Arena trägt. Die Toreros sind oft ungroß, und hier können wir bestens sehen, dass der Bolero für tolle Proportionen sorgt. Die Beine wirken länger und automatisch scheinen wir größer zu sein.

Ich bin Wahl-Landei und in unserer Gegend gehören Schützenfeste zur gefeierten Tradition. Dann herrscht der Ausnahmezustand, und sie sind wieder alle da, die Boleros. Ich finde sie ein bisschen gruselig, vielleicht weil sie so perfekt sind.

Sie passen bestens zu vielen Schnitten und sehen dazu chic aus. Vielleicht deshalb? Der Bolero ist das Mittel der Wahl ... für jeden und alle Fälle.

Zurück zur Braut. Achtung, Falle!

In jedem Fall muss gesichert sein, dass ihr im Falle eines Temperatursturzes nicht im Parka erscheinen müsst. Das ist in keinem Fall eine Option.

Fakt ist: Das Adrenalin wird euch einheizen, dies nicht zu knapp. Es wird euch eher zu warm denn zu kalt sein. Ich bin aber eine Mutter (die immer mit Jacken meinen Jungs hinterhergelaufen ist) und kann nicht anders. Deshalb stelle ich sie immer, die Frage: »Was ziehst du drüber, wenn es kalt wird?«

Apropos Mutter: **Falls eine kirchliche Trauung ansteht, wünscht Mutter Kirche bedeckte Schultern.**

Wir schreiben das Jahr 23. Boho- und Vintage-Kleider liegen immer noch hoch im Kurs. Hierzu passen perfekt gehäkelte oder gestrickte Tücher, ähnlich einer Stola. Jeans-Jacken, mit Spitze und Perlen verziert, sind ebenfalls mega-in. Bevor ihr für einen Wahnsinnspreis eine Jacke kauft, die maschinell mit drei Spitzen-Applikationen bedruckt ist … das kriegt bestimmt eine handarbeitsgeübte Freundin hin. Oder die Schneiderin, die euer Kleid kürzt, nutzt den Verschnitt, um die Jacke aufzupimpen. **Sicherheitshinweis:** Jeansstoff passt zu jeder Frau in jedem Alter, polarisiert aber heftig. Frau liebt oder hasst ihn. Im Herbst habe ich eine solche Jacke an die Oma der Braut verkauft. Bevor ihr jetzt in Ohnmacht fallt, die Oma war richtig rockig, und die Jacke stand ihr so gut, dass die gesamte Entourage hin und weg war. Anmerkung der Autorin: Ich möchte auch so eine rockige Oma werden. Mit Glitzer-Totenkopf-Cardigan und Fuchsschwanz am Rollator. Natürlich aus Fake-Fur.

Eine fabelhafte und sehr günstige Alternative sind Chiffon-Tücher in Pastellfarben. Sie fließen wunderbar und umspielen eure Silhouette, sind wärmer, als sie aussehen, aber das Beste kommt wie immer zum Schluss. Wählt einen farblichen Akzent, passend zu eurem Haut-Ton. Der ist entweder kühl und rosig oder warm, will heißen gelb oder golden. Dem rosigen Typ steht ein ganz zarter … na, kommt ihr drauf? Genau. Ein Hauch Rosa. Pfirsich schmeichelt dem warmen Farb-Typ. Über die große helle Fläche und Farb-Vampirismus hatten wir schon gesprochen, diese Farben sind das ultimative Gegen-Gift. In diesem Sinne:

Keep warm and marry on.

49. BRAUTSCHMUCK

Ihr seid selber euer schönster Schmuck. Alles andere sind nur Zutaten. Wenn ihr nicht leuchtet, dann kann auch der Schmuck einpacken und nach Hause gehen. Die meisten Bräute leuchten aber sprichwörtlich von innen. Wie ein Eine-Million-Megawatt-Kraftwerk.

Das ist eine schöne Überleitung zu Perlen-Schmuck. Perlen. Echte Perlen, die richtig aufbewahrt und getragen wurden, wundervoll leuchten und fast alle Brautkleider dezent und unaufdringlich ergänzen. Oft sind es Erbstücke mit Geschichte, die somit noch einmal auf den Fotos für die Ewigkeit konserviert werden.

Aber! Ich höre ziemlich oft, dass Perlen auf einer Hochzeit Unglück bringen sollen. Ist das ein Märchen? Nun werden sie ja die Tränen der Meere genannt. Ich vermute mal ganz plump, es handelt sich nicht um Freudentränen. Die Muschel, die sehr mühsam die Perle erschafft, bezahlt schlussendlich mit ihrem Leben dafür.

Beim bräutlichen Schmuck ist nur eine Überlegung wirklich wichtig. Er muss nicht echt und zwangsläufig teuer sein. Nein, er sollte bitte nur einem Thema folgen und darf nie zu viel sein.

Sicherheitshinweis: Die Kunst und somit der Fokus liegen absolut im Weglassen.

Eine Kette oder ein Collier ist meistens überflüssig. Die Brautkleider sind oft so aufwendig gearbeitet, dass es hier zu einem optischen Konkurrenzkampf kommen kann.

Ring frei für Weißgold-Collier gegen Blinki-Blinki-Kristalle auf dem Hochzeitskleid.

Wer gewinnt? Die Braut nicht. Bei dieser Glitzerei geht ihr Gesicht schnell unter. Es sei denn, da funkelt es auch gewaltig. Funkelnde Augen? Ja. Funkelnder Lidschatten? Das kommt auf die gesamte Komposition an.

Ohrringe können da schon mehr für die Braut tun. Es sei denn, es gibt einen prächtigen Schleier, Schmucknadeln in der Frisur und womöglich noch eine Tiara. Ihr lacht? Das ist alles schon da gewesen.

Chandeliers (Mini-Kronleuchter für die Ohren) sind klasse zu ganz schlichten Frisur-Knödeln. Im offenen Haar verheddern sie sich gerne und werden somit lästig. Viele Damen entscheiden sich für kleine Ohr-Stecker. Bei Bräuten mit kleinen Kindern würde ich dies auch immer raten. Sonst gehören Ohrläppchen und -Schmuck zeitnah zur abgeschlossenen Vergangenheit. Autsch.

Leider sind schöne Armbänder, Reifen oder Ketten ein bisschen aus der Mode gekommen. Dabei tanzen sie an eurem Handgelenk bei kurzen oder nicht vorhandenen Ärmeln die

Rolle der Prima-Ballerina und füllen eine optische Lücke. Die der Armbanduhr. Der Glücklichen schlägt keine Stunde, und die sollte zu Hause bleiben.

Die Uhr und nicht die Glückliche.

50. REIF FÜR DEN REIFROCK?

Mit oder ohne? Ist er wirklich nötig?

Das hängt vom Kleid ab.

Da er so seltsam anmutet und eher wie ein Drei-Mann-Zelt wirkt, scheut so manche Frau davor wie ein Pferd vor einer Plastiktüte.

Die Fakten:

Erhältlich sind Reifröcke in mehreren Größen und verschiedenen Styles, ähnlich einem Zelt oder der besagten Plastiktüte.

In meinem Tüll-Palast machen sie nur Ärger, denn ich weiß nie, wohin mit den Dingern. Kleinere Modelle kann ich noch mit dem Kleid gemeinsam aufhängen, die großen stehen in der Ecke versteckt. Stehen. Ihr habt richtig gehört. Biegsame Leichtmetallreifen machen dies möglich.

Sie sind ein Must-have unter festlichen Kleidern und Gewändern. Kein Schützenfest ohne Reifrock … und Bolero. Dort sorgen sie für den absoluten Wow-Effekt. Stellt euch bitte mal Sissi ohne ihre Reifröcke vor! Undenkbar.

Sie sind nicht sexy, aber sehr praktisch.

Ersetzen sie doch locker zwanzig Lagen Tüll und halten euch das Kleid beziehungsweise den Unterrock vom Bein. Ihr möchtet auch kein Kleid schleppen, das aus zwanzig Lagen Tüll besteht. Glaubt mir das! Bitte. Im Sommer ist dieser Effekt quasi eine Klimaanlage-to-go. Ist euer erwähltes Kleid nur ein bis drei Zentimeter zu lang, braucht ihr es nicht unbedingt kürzen zu lassen. Ein passender Reifrock hebt das Kleid entsprechend an und spart somit die Änderungskosten. Zwischen drei bis sieben Lagen Stoff befinden sich unter einem normalen Hochzeitskleid, und jede Lage kostet beim Kürzen Geld. Mich kosten sie immer meine Frisur, weil ich bei jeder Anprobe unter das Kleid krabble, um die vielen Schichten zu sortieren. Wenn die Arme zu kurz sind, hilft eben nur das komplette Untertauchen. Die TV-Tüll-Palast-Inhaberinnen lassen krabbeln und sehen deshalb nie aus wie eine Vogelscheuche. Grumpf.

Sicherheitshinweis:

Obacht bei dünnen Kleidern ohne Unterröcke. Die Gestänge des Reifrockes können sich sehr unschön durch den Stoff drücken. Ihr seht dann aus wie ein Wellensittich-Käfig, der zur Nachtruhe abgedeckt ist. Hier hilft Füttern. Nein, nicht den Wellensittich, ich meine das Kleid.

Die Anzahl der Ringe oder Reifen steigt immer im Verhältnis mit der Expansion des Kleides. Je größer der Rock, desto mehr Ringe braucht es. Einen übersichtlichen Rock kann frau leider mit einem großen Reifrock nicht vergrößern. Dann sieht es aus wie Opis Lampenschirm.

Zum Waschen könnt ihr die einzelnen Stangen rausnehmen, und ich wünsche viel Spaß beim Wiedereinbau.

SCHLUSSENDLICH

bedanke ich mich von Herzen bei euch allen. Ihr habt mir Mut gemacht und mich und meine Projekte so wundervoll unterstützt. Besonders meine Schwester Steffi. Ohne deinen Zuspruch hätte ich mich niemals getraut. Piep ... Piep.

Ihr findet, es gibt noch Themen und offenen Fragen? Schreibt mich gerne an, ich freue mich darauf. Mail to:a. brings@make-up2go.de

Vielleicht tauchen eure Wünsche ja schon im zweiten Band auf? Der ist fertig und geht demnächst in Druck. Dann hochzeitet es noch mehr. Bis dahin.

XO Andrea